Musik als Sprache

Vorlesungen für Musikstudenten

Ethel Home

Writat

Diese Ausgabe erschien im Jahr 2024

ISBN: 9789359947563

Herausgegeben von
Writat
E-Mail: info@writat.com

Inhalt

VORWORT

Die folgenden Vorlesungen wurden zwischen 1907 und 1915 für Musikstudenten gehalten. Sie wurden teilweise umgeschrieben, um sie für ein anderes Publikum verständlich zu machen, denn in allen Fällen folgte auf die Vorlesungen eine Diskussion, in der verschiedene Punkte behandelt wurden, die in den Vorlesungen nicht behandelt wurden Vorträge wurden erläutert.

Eine Erfahrung von acht Jahren bei der Organisation eines Ausbildungskurses für Studenten, die durchschnittlichen Kindern im Rahmen des normalen Lehrplans einer Schule Gehörbildung auf moderne Art beibringen möchten, hat mir gezeigt, dass der große Bedarf für solche Studenten darin besteht, die Probleme zu erkennen, nicht nur der musikalischen Ausbildung, sondern auch der *Allgemeinbildung*.

Aufgrund der Natur aller Kunstwerke neigt der Künstler allzu oft dazu, das Leben nur in Bezug auf seine Kunst zu sehen. Aus diesem Grund fällt es ihm manchmal schwer, sich an die Anforderungen des Schullebens anzupassen. Er hat das vage Gefühl, dass seine Kunst für die Welt so viel wichtiger ist als Dinge wie Grammatik und Geographie; doch wenn man ihn bittet, einen Grund für seinen Glauben anzugeben, gelingt es ihm nicht immer, seine Zuhörer zu überzeugen.

Er fühlt mit Ruskin, dass:

„Das Ende der Kunst ist genauso ernst wie das anderer schöner Dinge – des blauen Himmels und des grünen Grases und der Wolken und des Taus." Sie sind entweder nutzlos oder haben eine viel tiefere Funktion als nur Unterhaltung zu bieten.'

Aber er verfügt nicht immer über die Gabe der Worte, mit denen er diese Funktion beschreiben kann.

Wir möchten, dass unsere Künstler und ihre Visionen sowie diejenigen unter ihnen, die eine Perspektive verwirklichen können, in der ihre Kunst zusammen mit anderen Bildungskräften ihren Platz einnimmt, zu den wertvollsten Pädagogen der kommenden Generation gehören.

ETHEL-HAUS.
KENSINGTON,
Januar 1916.

KAPITEL I

DIE AUSBILDUNG DES MUSIKLEHRERS

Betrachten wir den Fall eines jungen Mädchens, das seine schulische Ausbildung abgeschlossen hat und diese durch einen speziellen Kurs für technische Arbeit in Musik ergänzt hat, der mit dem Erwerb eines Musikdiploms endete. Sie möchte jetzt unterrichten. Was sind die Hauptprobleme, mit denen sie konfrontiert sein wird? Sie muss sich zunächst entscheiden, ob sie ihre Arbeit auf den Unterricht eines Soloinstruments zusammen mit einigen Arbeiten in Harmonie oder Kontrapunkt nach orthodoxen Grundsätzen beschränken oder ob sie mit modernen Methoden der Führung in Berührung kommen möchte die *allgemeine* musikalische Ausbildung von Kindern, wie sie in manchen Schulen im Vormittagslehrplan vermittelt wird. Im letzteren Fall muss sie eine spezielle Ausbildung absolvieren.

Es gibt auch einen praktischen Grund, warum viele, die derzeit Musik unterrichten möchten, eine Ausbildungsabteilung antreten. In einem kürzlich vom Teachers' Registration Council herausgegebenen Papier finden wir den folgenden Absatz, der sich mit „Registrierungsbedingungen" befasst:

„Der Antragsteller muss einen für den Rat zufriedenstellenden Nachweis erbringen, dass er eine Ausbildung in den Grundsätzen und Methoden des Lehrens erfolgreich abgeschlossen hat, begleitet von einer Praxis unter Aufsicht." Der Studiengang muss sich über einen Zeitraum von mindestens einem Studienjahr oder einem gleichwertigen Zeitraum erstrecken."

Wer sich mit der Frage des Musikunterrichts nach modernen Methoden beschäftigt hat, hat erkannt, dass Musik eine *Sprache darstellt,* die in erster Linie zur Selbstdarstellung und zum Umgang mit anderen verwendet werden sollte. Das ganze Leben hängt davon ab, wie wir uns in Bezug auf die Gemeinschaft ausdrücken. Selbstdarstellung ist ein universeller Instinkt, der nur durch systematische Misshandlungen unterdrückt werden kann, sei es selbstverschuldet oder durch andere. Wir sind selbstverschuldet, wenn wir uns falschen Konventionen anpassen oder uns einen Lebensstandard schaffen, der nicht mit der Menschheit als Ganzem in Einklang steht. Wir sind von anderen verschuldet, wenn sie uns in jungen Jahren in eine falsche Erziehungsumgebung zwingen und unsere Fähigkeiten lähmen, anstatt sie zu entwickeln.

Den wenigen Auserwählten kommt echte schöpferische Kraft aus dem Instinkt, aber vielen kann ein kleiner Teil dieser Kraft durch Bildung verliehen werden, und auf diese Weise wird ein zusätzlicher Ventil für den Selbstausdruck geschaffen. Dem Kind sollte schon in jungen Jahren beigebracht werden, in musikalischen Begriffen zu denken, genauso wie es beigebracht wird, in seiner Muttersprache zu denken. Die Grundlagenarbeit sollte im Unterricht und nicht im Einzelunterricht erlernt werden und für alle Kinder verpflichtend sein. Wir fragen nicht, ob ein Kind sprachbegabt ist, bevor wir ihm Französisch beibringen, und wir dürfen nicht fragen, ob es musikalisch begabt ist, bevor wir es in den Musikunterricht einweisen. Auch hier sind kurze, häufige Unterrichtsstunden für den jungen Anfänger vorteilhafter als längere Unterrichtsstunden in größeren Abständen, denn da dem Schüler ein neuer „Sinn" eröffnet wird, erzeugt eine lange Unterrichtsstunde eine ungesunde Belastung.

Auf den Arbeitsplan, der in einer solchen Klasse eingehalten werden muss, wird später noch eingegangen. An dieser Stelle sei jedoch darauf hingewiesen, dass eine Schulung, die in Übereinstimmung mit dem oben genannten Ziel durchgeführt wird, zu einer deutlichen Steigerung der Vitalität und der allgemeinen Intelligenz eines Kindes führt. Die reflexartigen Aktionen einer intensiven Konzentration für kurze Zeit, gefolgt von der Aufgabe kreativer Arbeit, werden ein Kind mit einem wachen Geist und mit erhöhter Kraft zu seinen anderen Lektionen zurückschicken.

Zahlreiche Schulen und Privatfamilien bieten Stellen für Lehrer an, die in der Lage sind, in diesem Sinne zu unterrichten. Von Jahr zu Jahr nimmt die Zahl solcher Stellen stetig zu, und man kann nicht allzu viel vorhersagen, dass in naher Zukunft nur wenige Schulen der ersten Reihe ohne Unterricht dieser Art auskommen werden. Die angebotenen Gehälter sind naturgemäß höher als die des altmodischen „orthodoxen" Lehrers, da mehr getan werden muss und Klassen statt einzelner Schüler verwaltet werden müssen.

Es ist nicht zu überschätzen, wie wichtig es ist, sich viel Erfahrung im Unterrichten von Klassen mit Durchschnittsschülern aller Altersstufen unter fachkundiger Aufsicht anzueignen. So mancher vielversprechende Lehrer ist schon bei seiner ersten Stelle gescheitert, weil das erworbene Wissen zu theoretisch war und nicht durch Unterrichtserfahrung mit wirklich durchschnittlichen Schülern überprüft wurde. Die Frage der Disziplin ist bei einem einzelnen Schüler leicht zu beantworten, aber bei der Arbeit im Klassenverband nimmt sie ein anderes Ausmaß an.

Um Gehörbildung ohne Instrumentalunterricht zu lehren, ist kein hohes Maß an musikalischer Begabung erforderlich. Jeder, der Musik liebt, mit Kindern sympathisch ist und bereit ist, zu arbeiten, kann die erforderliche Arbeit bewältigen, um Unterricht auf einem angemessenen Niveau zu geben.

Die Arbeit, die für jemanden, der sie zum ersten Mal sieht, oft verwirrend schwierig erscheint, wird ganz einfach, wenn man sie Schritt für Schritt und in Gesellschaft von Mitschülern angeht. Es ist auch interessant zu wissen, dass einige der zufriedenstellendsten Ergebnisse, die in den letzten Jahren an bestimmten Schulen erzielt wurden, von Lehrern erreicht wurden, die nur durchschnittliche Instrumentalkenntnisse besaßen, sich aber mit Begeisterung in das Studium der Musik als lebendige Sprache stürzten. Solche Lehrer werden zwangsläufig Erfolg haben, weil sie das Thema in einem wirklich pädagogischen Geist angehen.

Nun noch ein Wort zu einem anderen Aspekt der Erziehungsfrage. Die Lebenseinstellung des jungen Mädchens wird sich gewaltig verändern. Vielleicht muss sie zum ersten Mal die Haltung derjenigen annehmen, die gibt, und nicht die derjenigen, die empfängt. Bisher hat sie Nahrung, Kleidung, Geld, Bildung, Hilfe in ihren Schwierigkeiten usw. erhalten, und jetzt schwingt das Schicksal seinen Zauberstab, und das Kind, das zu Hause und in der Schule im Mittelpunkt des Interesses stand, muss lernen zu geben – und zwar großzügig –, so wie andere ihr gegeben haben.

Denn eine echte Lehrerin wird nie für alles bezahlt, was sie tut. Ihr Gehalt wird nicht proportional zu all der zusätzlichen Hilfe erhöht, die sie einem rückständigen oder schwachen Schüler gibt – zu den Stunden der Plackerei außerhalb der Schulzeit, die sie freiwillig auf sich nimmt, um auf alle Eventualitäten des Schullebens vorbereitet zu sein. Solche Dinge werden nie mit Geld bezahlt, die einzige Belohnung ist die teilweise Verwirklichung des angestrebten Niveaus.

Ein weiterer Punkt. Der ideale Lehrer muss eine echte Persönlichkeit haben, und diese wächst langsam, kann aber unter fachkundiger Anleitung entwickelt werden. Es müssen Sympathie, Taktgefühl und Humor vorhanden sein. Wenn die junge Lehrerin die Haltung des Gebers statt des Empfängers einnimmt, verdrängt sie allzu leicht die Erinnerung an kindliche Schwierigkeiten und vergisst die ruhelose Vitalität, die sie als Kind dazu veranlasste, sich danach zu zappeln und alles andere als zu lernen.

Es gibt noch etwas anderes zu beachten. Die Mehrheit der Amateure wird nie der gleichen Kritik ausgesetzt wie die Profis. Alles ist „verwässert". „Sehr gut" war oft das Urteil des Kritikers, aber eine unausgesprochene Ergänzung lautete: „Für einen Amateur".

In einer Schulungsabteilung besteht einer der wertvollsten Punkte der Schulung nun in den offenen Kommentaren. Und das bezieht sich nicht nur auf die musikalische Arbeit, sondern auch auf persönliche Fehler. Wir alle wissen, dass ein Manierismus, wenn er die Einheit einer starken Persönlichkeit nicht beeinträchtigt, möglicherweise in Ruhe gelassen wird. Aber es gibt einige Manierismen, die lediglich die Schwächen derjenigen zum Ausdruck bringen, die sie besitzen, und die den Ausdruck der Persönlichkeit verderben. Diese müssen behoben werden und werden in der Schulungsabteilung gewissenhaft behandelt.

Wenn der Ausbildungsgang schließlich in Verbindung mit einer Schule absolviert wird, bietet sich die Möglichkeit, einen Einblick in die allgemeine Organisation und Arbeitsabläufe für Kinder jeden Alters zu erhalten.

Ein Vorwurf, der den musikalischen Mitgliedern eines Kollegiums oft gemacht wird, ist, dass sie unter sich bleiben und sich nicht mit dem allgemeinen Schulleben identifizieren. In einigen Fällen mag dies auf mangelnde Bereitschaft zurückzuführen sein, in den meisten Fällen jedoch auf mangelnde Ausbildung und Erkenntnis der Einheit dieses Lebens.

Eine Studentin, die während ihres Ausbildungsjahres alle ihr gebotenen Möglichkeiten wahrnimmt, wird nicht nur lernen, wie man das allgemeine Musikleben einer Schule durch Gehörbildung, Gesangsunterricht, Konzerte, Musikclubs usw. organisiert, sondern wird auch bereit und stolz sein, in anderen Bereichen die Initiative zu zeigen.

Auf die Visionen unserer Künstler können wir nicht verzichten. Und ein Land oder eine Schule ist ärmer, wenn die treibende Kraft der künstlerischen Inspiration nicht voll ausgeschöpft wird.

KAPITEL II

Die Organisation der musikalischen Arbeit in Schulen

Die musikalische Arbeit an einer Schule gliedert sich grob in vier Bereiche:

1. Gehörbildung, die in späteren Phasen zu Harmonie, Kontrapunkt usw. führt.

2. Sprachproduktion und Lieder.

3. Instrumentalarbeit.

4. Konzerte, Musikclubs usw.

Um diese der Reihe nach aufzugreifen:

1. *Gehörbildung.*

Wenn die Notwendigkeit dieser Arbeit erkannt wurde, besteht der nächste Schritt darin, zu überlegen, wie im Lehrplan der Schule Zeit dafür gefunden werden kann. Diejenigen, die einige der Ergebnisse in Schulen gesehen haben, die die Arbeit über mehrere Jahre hinweg durchgeführt haben, neigen manchmal zu der Annahme, dass dies mit einem großen Zeitaufwand verbunden war. Vorausgesetzt, dass die Kinder bereits in jungen Jahren mit der Ausbildung begonnen haben, ist es jedoch weder notwendig noch wünschenswert, dass sie nach Erreichen des zwölften Lebensjahres mehr als eine vierzigminütige Unterrichtsstunde pro Woche erhalten. Wir müssen bedenken, dass der ideale Plan bei allen „Sprach"-Arbeiten darin besteht, mit sehr kurzen und relativ häufigen Unterrichtsstunden zu beginnen. Die Gehörbildung, die nach den vorgeschlagenen Grundsätzen behandelt werden soll, wird dem Schüler einen neuen „Sinn" eröffnen, und die erforderliche Konzentration ist so groß, dass die Kinder die Belastung einer langen Unterrichtsstunde nicht ertragen können.

Daher sind folgende Unterrichtslängen empfehlenswert:

Für Kinder von vier bis sieben Jahren, an vier Tagen in der Woche eine Viertelstunde.

Von acht bis zwölf Jahren, zwanzig Minuten an drei Tagen in der Woche.

Ab dreizehn Jahren einmal wöchentlich vierzig Minuten.

Nun zu den Arbeitsplänen.

Kinder zwischen vier und sieben Jahren sollten die Zeit damit verbringen, einfache Melodien in Dur vom Blatt zu singen und Gehörproben mit jeweils zwei oder drei Tönen durchzuführen.

Für die Acht- bis Zwölfjährigen kommt das Vom-Blatt-Singen in Moll und zweistimmig hinzu, außerdem das Diktieren von Melodien und zweistimmigen Melodien. Wenn diese Arbeit sicher beherrscht wird, kann mit der Behandlung von Akkorden begonnen werden, außerdem mit dem Improvisieren von Melodien mit der Stimme, zusammen mit der Transposition und Harmonisierung einfacher Phrasen am Klavier.

Für Kinder ab dreizehn Jahren kann das oben Genannte fortgesetzt werden, zusammen mit dreistimmigem Blattgesang, einem drei- und vierstimmigen Diktat, improvisierten Übungen am Klavier und einer konkreteren Arbeit in Harmonie, Kontrapunkt und elementarer Komposition.

Nach dem 14. Lebensjahr ist es gut, die Arbeit freiwillig zu leisten. Zu diesem Zeitpunkt ist es möglich, zwischen Kindern zu unterscheiden, die sich so sehr für Musik interessieren, dass es sich für sie lohnt, die Arbeit fortzusetzen, und solchen, die in anderen Bereichen gewinnbringender beschäftigt werden. Letztere werden gelernt haben, sich intelligent für Musik zu interessieren und zuzuhören, wenn Musik gespielt wird. Die Klassen werden nun kleiner, ein Vorteil für die detailliertere Arbeit.

Es ist wichtig zu beachten, dass die besten Ergebnisse bei der Gehörbildung nur dann erzielt werden, wenn die Klassenzahl nicht mehr als 25 Schüler umfasst.

2. Sprachproduktion und Lieder.

Diese Klassen können unbeschadet der Arbeit größer sein, die obige Alterseinteilung ist jedoch wünschenswert. Kinder zwischen vier und sieben Jahren werden wahrscheinlich Lieder lernen, die mit ihrer Kindergartenarbeit in Zusammenhang stehen. Es ist daher schwierig, genau zu sagen, wie viel Zeit sie für den Gesangsunterricht aufwenden müssen, da sich die Arbeit überschneiden wird. Personen zwischen acht und zwölf Jahren sollten eine Gesangs- und Gesangsunterrichtsstunde pro Woche von mindestens zwanzig Minuten Dauer erhalten. Die über 13-Jährigen werden wahrscheinlich an schwierigeren Liedern arbeiten und dafür mindestens 30 Minuten pro Woche brauchen.

3. Instrumentalwerk.

Es ist sehr wünschenswert, dass alle Kinder bis zum Alter von acht Jahren, die ein Instrument lernen, dies im ersten Jahr in einer *Klasse* und nicht im Einzelunterricht tun. Viele der grundlegenden Arbeiten an einem Instrument können für ein kleines Kind ermüdend sein, wenn sie nicht gemeinsam mit Gleichaltrigen erledigt werden.

Eine praktische Überlegung besteht darin, dass es dadurch möglich ist, für jeden Schüler eine geringere Gebühr zu erheben, und diese Tatsache kann einen Elternteil dazu veranlassen, einem Kind früher mit dem Instrumentieren beginnen zu lassen, als dies sonst der Fall wäre.

Es wurde festgestellt, dass sich Kinder, die auf diese Weise begonnen haben, viel schneller entwickeln, als wenn sie Einzelunterricht hätten. Der Reiz, den Klassenarbeit für ein durchschnittliches Kind mit sich bringt, kann nicht hoch genug eingeschätzt werden.

Wenn die Arbeit dieses Vorjahres abgeschlossen ist, kann das Kind entweder drei 20-minütige Unterrichtsstunden pro Woche oder zwei halbe Stunden alleine absolvieren. Bei gleichzeitiger Gehörschulung ist es möglich, die tägliche Instrumentalübung zu verkürzen. In einigen Fällen sollte es erlaubt sein, bis zum Alter von dreizehn Jahren eine halbe Stunde zu überschreiten, und in vielen Fällen werden zwanzig Minuten als ausreichend angesehen.

Nach dem 13. Lebensjahr ist es wie schon bei der Gehörbildungsarbeit wieder möglich, zwischen den musikalischen Kindern und den anderen zu unterscheiden. Ersteres sollte den Umfang des täglichen Übens erhöhen; Letzteres sollte, wenn sie weiter lernen, eine halbe Stunde nicht überschreiten. Der Klavierunterricht umfasst in den meisten Fällen zwei halbe Stunden pro Woche.

4. Konzerte, Musikclubs usw.

Es ist sinnvoll, jedes Trimester ein kurzes Konzert zu veranstalten, bei dem nicht nur die fortgeschritteneren Schüler, sondern Kinder aller Entwicklungsstufen spielen. Es ist ratsam, darauf zu bestehen, dass alle Musikstücke auswendig gespielt werden, da auf diese Weise von Anfang an eine unschätzbare Ausbildung erfolgt.

Bei einer Preisverleihung oder einer großen Schulveranstaltung ist es natürlich notwendig, nur die besten Arbeiten zu zeigen.

Ein Musikclub ist ein großer Anreiz für das Musikleben einer Schule. Ein guter Plan ist es, eine Reihe von Kurzvorträgen zu Themen wie den Ursprüngen der Harmonie, Akustik, den Hauptunterschieden zwischen Musik verschiedener Schulen und Epochen usw. zu organisieren und diese mit Berichten über das Leben und Werk der großen Komponisten zu ergänzen. Kinder kommen gern zu solchen Treffen, besonders wenn sie gebeten werden, die Vorträge durch das Spielen von Beispielen der betreffenden Musik zu illustrieren.

Bei der Organisation der musikalischen Arbeit in einer Schule ist es von größter Bedeutung, dass es eine zentrale musikalische Autorität gibt, die dafür verantwortlich ist, alle am Unterricht Beteiligten miteinander in Kontakt zu bringen. Auf diese Weise wird nicht nur eine Überschneidung der Arbeit in den verschiedenen Klassen und Unterrichtsstunden vermieden, sondern es entsteht auch eine treibende Kraft musikalischer Kameradschaft, die eine echte musikalische Atmosphäre schafft.

KAPITEL III

Der Unterricht in Stimmbildung und Liedern

Es ist vielleicht seltener, einen erfolgreichen Gesangslehrer zu finden als für jedes andere Fach im Lehrplan der Schule. Dafür gibt es viele Gründe. In vielen Fällen übernimmt ein Besuchslehrer die Arbeit, dem es schwerfällt, in einer Unterrichtsstunde pro Woche die Namen aller Kinder zu lernen, und der daher zu Beginn benachteiligt ist. Dann ist die Klassengröße im Liedbereich immer größer als in den anderen Fächern und die Gefahr der Unaufmerksamkeit der Kinder steigt.

Nichts ist erbärmlicher, als eine junge, unerfahrene Geliebte mit einer großen Klasse gesunder, unruhiger Kinder kämpfen zu sehen, die aus Erfahrung wissen, dass die wöchentliche Gesangsstunde für ihre eigenen kleinen Spiele nützlich sein kann!

Da ist natürlich die geborene Lehrerin, die einen elektrischen Schlag durch den Raum schickt, sobald sie ihn betritt, und der, ohne darum zu bitten, für sofortige Stille und eifrige Aufmerksamkeit sorgt. Solche Menschen sind selten, und es muss jetzt unsere Aufgabe sein, den weniger glücklichen Menschen, die nicht über die angeborene Begabung verfügen, aber bereit sind zu lernen, ein paar praktische Vorschläge zu geben.

Zunächst einmal muss der Gesangslehrer eine echte Persönlichkeit haben; und wenn sie dies nicht von Natur aus besitzt, muss sie ihr Bestes tun, um das zu entwickeln, was sie hat. Sie muss voller Lebensfreude sein, sie muss Kinder verstehen und vor allem muss sie eine echte Liebe zur Musik haben, so dass sie nicht darauf verzichten kann. Die letzte Qualifikation impliziert oft eine gewisse Sensibilität, die Schwierigkeiten hat, sich an die Alltagswelt zu gewöhnen, in der die Menschen wenig Zeit oder Lust haben, die „Stimmungen" anderer zu studieren. Sehr künstlerische Menschen sind für die Schulbehörden ein bekanntes Problem. Um sich in ihrer Kunst hervorzutun, müssen sie nicht nur über die Fähigkeit verfügen, sich Mühe zu geben, sondern auch über einen Reservespeicher an emotionaler Kraft, auf den sie zurückgreifen können, um sich durch ihre Kunst auszudrücken. Nun bedeutet der Besitz eines solchen Reservespeichers nicht immer die Befugnis, ihn in Reserve zu halten! Im Laufe der Ausbildung sollte die Aufmerksamkeit solcher Menschen auf die hohen Ideale gelenkt werden, die jeder echten Bildungsarbeit zugrunde liegen; Sie sollten die wahre Funktion der Musik in der Bildung erkennen − dass sie nicht als bloße Errungenschaft oder technische Kunst betrachtet werden darf, sondern als Mittel zur Selbstdarstellung.

Wir wollen nun einen Sonderfall betrachten. Nehmen wir an, eine neue Lehrerin gibt Gesangsunterricht mit einer großen Klasse von Kindern, die den Ruf haben, schwierig zu handhaben zu sein. Beim Betreten des Klassenzimmers ist es ein guter Plan, direkt zum Podium zu gehen, ohne unterwegs ein Wort mit den Kindern zu sprechen, was auch immer sie tun. Von diesem Aussichtspunkt aus sollte die Lehrerin die Klasse einige Sekunden lang überblicken, immer noch ohne zu sprechen. Nichts beeindruckt eine unruhige Klasse mehr als der Anblick einer Lehrerin, die sich durch ihr Tun nicht im Geringsten beunruhigen lässt und dennoch alles aufnimmt. Wenn die Lehrerin ein Gefühl der Ruhe und des Selbstvertrauens entwickelt hat, wird diese Aktion ihrerseits das Gefühl eines Kraftzentrums im Raum erzeugen – und die Kraft wird von ihr ausstrahlen. Die Kinder werden sich, ohne genau zu wissen, was passiert ist, anders fühlen und nachgiebig und leicht zu handhaben sein. Sobald die Lehrerin sich dieser Veränderung der Atmosphäre bewusst ist, kann sie mit dem Unterricht beginnen. Aber sie muss jetzt allmählich ihre Persönlichkeit in die der Klasse einfließen lassen – sie muss *mit* ihnen arbeiten, nicht außerhalb von ihnen. Es ist schwierig, diese Idee in Worte zu fassen, aber alle echten Lehrer werden die Bedeutung verstehen. Es gibt keine treibende Kraft, die der Wirkung innerhalb einer Gemeinschaft gleichkommt – nicht der von außen.

Nun zur Lektion selbst.

Es sollte mit ein paar einfachen Übungen zur Stimmproduktion beginnen. Hervorragende Vorschläge hierfür finden sich in einem kleinen Buch mit dem Titel „ *Class Singing for Schools*" mit einem Vorwort von Sir Charles Stanford, herausgegeben von Stainer & Bell und auch im Board of Education Memorandum on Music. Auf einen besonderen Punkt muss noch eingegangen werden. Kindern sollte niemals gestattet werden, das Brustregister zu benutzen. Ihre Stimmen sollten nach unten gerichtet sein. Beim Singen von Tonleitern sollte ein Sprung zu oder ein Beginn bei einer Note erfolgen, die hoch genug ist, um außerhalb der Brustlage zu liegen – wie zum Beispiel das hohe E[b]. Anschließend sollte die absteigende Tonleiter gesungen werden. Zu Beginn des Unterrichts sollten Atemübungen durchgeführt werden. Eine gute Übung besteht darin, beim Laut „sch" auszuatmen. Die Kinder stellen sich dabei in eine lockere Position, die Hände auf den Rippen, so dass sie beim Ein- und Ausatmen spüren können, wie sich die Rippen ausdehnen und zusammenziehen. Die Schultern sollten unten gehalten werden. Der Vorteil bei der Verwendung des Lautes „sh" besteht darin, dass der Lehrer dadurch erkennen kann, wie lange jedes Kind seinen Atem anhält.

Wenn diese Übungen beendet sind und einige Tonleitern und Passagen gesungen wurden, sollte sich die Klasse hinsetzen, während der Lehrer über das neue Lied spricht, das gesungen werden soll. In Schulen, in denen

Blattsingen zum regulären Lehrplan gehört, ist es nicht notwendig, dies im Gesangsunterricht zu erarbeiten. Beim Beginn eines neuen Liedes geht es für den Lehrer vor allem darum, die Klasse dazu zu bringen, den Geist davon zu erfassen. Wenn schwierige Wörter vorkommen, können diese später erklärt werden. Es ist jedoch unbedingt erforderlich, dass die Kinder eine Idee entwickeln, die sie im Gesang ausdrücken können.

Herr W. Tomlins, der aus New York angereist war, um einige seiner Methoden für den Umgang mit großen Klassen zu zeigen, erzielte einige bewundernswerte Ergebnisse. Er steigerte die Begeisterung seiner Klassen so sehr, dass die Wirkung ihres Gesangs elektrisierend war; und das lag alles an den wenigen Worten, die er sagte, bevor das Lied gesungen wurde, und nicht an etwaigen Korrekturen, die er später vornahm. Es ist nicht notwendig, dass ein Lehrer die Lieder während des Unterrichts die ganze Zeit *dirigiert*, *sonst* führt die Tatsache, dass von der Klasse erwartet wird, dass sie auf den Taktstock achtet, dazu, dass sie in ihrer Haltung und damit bis zu einem gewissen Grad in ihrem Gesang starr wird. Die besten Ergebnisse werden erzielt, wenn eine Klasse zum Singen bereit ist. Manche wohlmeinenden Lehrer vergessen, dass die Kinder wahrscheinlich den größten Teil des Vormittags in ihren Klassenzimmern gesessen haben und stehen zur Abwechslung nur allzu gern bereit. Sie können zwischen den Liedern sitzen, ihren Platz finden und so weiter.

Es sollten Lieder gewählt werden, deren Tonlage nicht zu tief ist. Viele Menschen haben die falsche Vorstellung, dass kleine Kinder nicht hoch singen können. Hören Sie sich ihre Rufe auf dem Spielplatz an, die Töne, die sie verwenden, wenn sie sich gegenseitig zurufen, und diese Vorstellung wird bald korrigiert. Der tiefste Ton in der Stimme eines kleinen Kindes ist im Allgemeinen das E, und es kann das hohe F oder G ganz leicht verkraften.

Dronern sollte nicht erlaubt werden, mit dem Rest der Klasse mitzusingen, da sonst die Tonlage sofort verloren geht, ganz zu schweigen von der Beeinträchtigung der Gesamtwirkung.

Wenn der Gesang zu tief klingt, liegt das oft an einer schlechten Belüftung des Raumes, häufiger noch an Langeweile. Ein guter Plan ist in diesem Fall, die Tonhöhe um einen Halbton anzuheben; das ist beim Singen oft genauso einfach und erzeugt ausnahmslos ein Gefühl der Fröhlichkeit.

Kindern sollte niemals erlaubt werden, laut zu singen, insbesondere wenn sie noch sehr jung sind. Es ist am schwierigsten, die Gewohnheit zu heilen, wenn sie einmal entstanden ist. Auf die Artikulation sollte von Anfang an geachtet werden. Der Klasse wird eine nützliche Lektion erteilt, wenn die Hälfte von ihnen von Zeit zu Zeit an das Ende des Raumes geht und mit geschlossenen Büchern ihren Klassenkameraden beim Singen einer Strophe eines für sie neuen Liedes zuhört. Die Schwierigkeiten, die sie empfinden, den Worten zu folgen, werden nicht so schnell vergessen.

Angriffe sollten absolut präzise sein. Bewundernswert ist hierfür der zwei- und dreistimmige kontrapunktische Gesang, der in den Blattgesangsklassen geübt wird, da bei einem so klaren Werk durch einen falschen Einsatz die Gesamtwirkung verwischt oder ganz zunichte gemacht wird.

Bei allen großen Schulveranstaltungen, wie zum Beispiel einer Preisverleihung, sollten die Lieder auswendig gesungen werden. Dies ist im normalen Unterricht nicht notwendig, da dort das Ziel darin besteht, möglichst viele gute Lieder zu unterrichten, um einen Standard echter Musikliteratur zu bilden. Aber bei der Aufführung am Bühnenbild gibt es nichts Schöneres, als zu sehen, wie Kinder aufstehen und, ohne mit den Seiten zu flattern oder unbehaglich zu sein, wenn man die Worte in einem Buch sieht, direkt aus dem Herzen singen. Wie einfach die Musik oder die Worte auch sein mögen, der Effekt wird die kleine zusätzliche Mühe durchaus wert sein.

Unsere letzte Überlegung betrifft die Auswahl der Lieder, die wir lernen möchten. Kleine Kinder sollten selten etwas anderes als Lieder im Chor singen. Volkslieder, wie sie von Cecil Sharp und anderen herausgegeben wurden, und für die ganz Kleinen traditionelle Kinderreime und Spiellieder sind am besten geeignet. Im Alter von zehn bis vierzehn Jahren sollten Bücher wie Boosey's *National Songs* oder *Songs of Britain* das Grundwerk sein, während für ältere Kinder die großen klassischen Lieder hinzukommen können. Ein gutes Buch hierfür ist The *Golden Treasury* , herausgegeben von Boosey.

Lieder lebender Komponisten sollten in ihrer Anzahl streng begrenzt, aber nicht ausgeschlossen werden. Diese haben den Test der Zeit nicht bestanden. Wir unterrichten in unseren Literaturkursen Shakespeare, keinen modernen Dichter – die Essays von Bacon, nicht die eines modernen Essayisten. Und unsere Begründung lautet, dass die einzige Möglichkeit, einen Geschmacksstandard zu schaffen, darin besteht, unsere Kinder an die klassischen Quellen der Prosa und Poesie heranzuführen. Dasselbe müssen wir in der Musik tun.

KAPITEL IV

DIE SOL-FA-METHODE

Für diejenigen, die nicht an die Sol-fa-Notation gewöhnt sind, erscheint sie auf den ersten Blick als nutzloses Hindernis. Für diese Ansicht werden hervorragende Argumente angeführt. Viele Musiker können sich kaum an die Zeit erinnern, als sie nicht vom Blatt singen und Melodien nach Diktat schreiben konnten. Sie haben dieses Wissen instinktiv erworben und können nicht verstehen, warum andere das nicht auch tun sollten. Leider hat nicht jeder bewiesen, dass er dazu in der Lage ist, daher gibt es eine Vielzahl von „Methoden", um es ihnen beizubringen.

Die bekannteste davon bestand darin, dem Schüler beizubringen, Intervalle, *als* Intervalle, vom Blatt zu singen. Terzen, Quinten, Sexten usw. wurden fleißig geübt. Allerdings fiel es den Schülern nicht immer leicht, diese Intervalle aus allen Tönen der Tonleiter zu singen, es sei denn, sie wurden nacheinander aufgeführt. Die große Terz von *doh kam* mir einfacher *vor* als die von *fah* zu *lah* und so weiter. So löste sich das Blattsingen im Unterricht in den meisten Fällen so auf, dass die musikalischen Kinder anführten und die anderen folgten. Es kommt selten vor, dass es in einer großen Klasse kein einziges musikalisches Kind gibt, und der einzige sichere Test für den Fortschritt besteht darin, die weniger musikalischen Kinder von Zeit zu Zeit allein vom Blatt singen zu lassen.

Wenn man nun diejenigen, die sich das Wissen über das Blattsingen „angeeignet" haben, ohne zu wissen, wie sie es gemacht haben, nach einer Erklärung fragt, wie sie zu ihren Intervallen gelangen, wird man feststellen, dass die *Tonalität* in ihrem Bewusstsein eine große Rolle spielt. Mit anderen Worten: Sie sind sich ihres Grundtons vollkommen sicher und könnten ihn jederzeit singen, auch nach komplizierten Passagen.

Diese Tatsache ist die Wurzel des Solfa-Systems. Dem Kind wird beigebracht, alle Noten der Tonleiter in Bezug auf den Grundton zu betrachten. Dagegen wird manchmal ein sehr vernünftiger Einwand erhoben, nämlich, dass es sicherlich eine große Loslösung von der Sache bedeuten muss, wenn der Geist zwischen jeweils zwei aufeinanderfolgenden Noten einer Melodie nach dem Grundton tasten muss. Aber dieser Prozess wird sehr schnell automatisch. Wir sind uns nicht jedes Mal bewusst, dass wir beim Rechnen auf die Multiplikationstabellen verweisen, aber ohne diese könnten wir die Summe nicht berechnen. Und das Gleiche gilt für das Solfa-System. Das Kind muss den Grundton nur sehr selten tatsächlich *singen* , wenn es an eine andere Note denkt, es bezieht diese unbewusst darauf.

Es gibt eine merkwürdige Anomalie im orthodoxen Sol-fa-System, die bei seinen Kritikern für viel Belustigung gesorgt hat und letztendlich zu einer Spaltung bei vielen geführt hat, die ansonsten mit den Grundzügen der Methode herzlich einverstanden sind . Dabei geht es um die Behandlung der Moll-Tonart. Der orthodoxe Sol-fa-Lehrer bezieht die Noten der Moll-Tonleiter nicht auf den Grundton, sondern auf die Terz der Tonleiter, also auf den Grundton der entsprechenden Dur-Tonleiter. Die Verwirrung, die dieser Plan im Sinne der Tonalität hervorruft, kann man sich leicht vorstellen. Beim Singen in Dur-Tonarten wird den Schülern gesagt, dass sie alle Noten auf den Grundton beziehen sollen, um eine „mentale Wirkung" zu erzielen. In der Moll-Tonart ist dies jedoch strengstens verboten. Um ein Beispiel zu nehmen. In der C-Dur-Tonleiter wurde dem Kind beigebracht, die scharfe, helle Wirkung des Tons G, der Quinte des Grundtons C, zu spüren. Den gleichen Effekt würde es natürlich auch für den Ton E in der Tonart a-Moll spüren. im Zusammenhang mit dem Leitgedanken A. Aber der orthodoxe Sol-fa-Lehrer sagt: „Nein." Sie müssen die ruhige, beruhigende Wirkung von E im Verhältnis zu C spüren!' Kann das Kind *wirklich* auf diese Weise erzogen werden? Wäre es nur ein Unterschied im Detail der Behandlung der beiden Modi, könnte dieser Fehler verzeiht werden, aber es handelt sich um einen Unterschied im Grundprinzip.

Eine der vielen dabei entstehenden Schwierigkeiten ergibt sich aus der Transposition auf dem Klavier. Bei der Transponierung beispielsweise von c-Moll nach F-Moll muss das Kind zunächst in E[b]-Dur denken, um den Referenzdrehpunkt zu erhalten, und dann in A[b]-Dur für den neuen Drehpunkt A[b]. Doch ihr eigentlicher Dreh- und Angelsinn, der, wie man anmerken muss, durch die Sol-fa-Behandlung der Dur-Tonleiter bewundernswert geschult wurde, ist immer zugunsten von C bzw. F.

Die Methode, die für die Moll-Tonart von denen entwickelt wurde, die das Grundprinzip beibehalten wollen, dass der Grundton der Bezugspunkt für *alle* Tonarten, Dur und Moll, ist, ist sehr einfach. Es besteht darin, der Terz und Sexte der harmonischen Form der Tonleiter ihre logischen Namen *Maw* und *Taw zu geben* . Die Sexte der aufsteigenden Tonleiter in der melodischen Form wird in Moll natürlich dieselbe sein wie in Dur.

Es gibt zwei weitere Punkte im orthodoxen Sol-fa-System, die von jenen modifiziert werden, die es als Krücke für die Notensystemnotation verwenden möchten. Die erste davon betrifft die ziemlich komplizierte Zeitnotation aller Übungen bis auf die ersten Sätze. Sobald Unterteilungen des Taktes eingeführt werden, wird die Notation schwieriger zu lesen, ohne die Augen zu belasten. Die kleinen Punkte, Striche, Kommas usw. machen Kindern Sorgen. Die Erfahrung hat gezeigt, dass eine Klasse, wenn sie für etwas bereit ist, das über die einfachsten Zeitwerte hinausgeht, die Sol-fa-

Notation ganz verlassen und ganz bei der Notensystemnotation bleiben kann. Das ist natürlich ein Vorteil und wird angestrebt.

Der andere Punkt hängt mit der Verwendung sogenannter „Bridge-Notes" zusammen. Wenn eine Modulation eingeführt wird, die einen längeren Verweis auf eine neue Tonart mit sich bringt, ist die direkt dorthin führende Note in der ersten Tonart natürlich akzidental und in der zweiten diatonisch. Dies wird als Brückenton bezeichnet und muss auf zwei Arten betrachtet werden: zuerst in der alten Tonart, dann in der neuen. Daher muss der Name geändert werden, bevor der neue Pivot verwendet werden kann.

Nun ist es beim Unterrichten von Notenschrift weder klug noch notwendig, sehr früh erweiterte Modulationen einzuführen. Ziel ist es, Kindern so früh wie möglich das Singen relativ einfacher Melodien in allen Tonarten, Dur und Moll, mit gelegentlichen Modulationen zu ermöglichen – und dann das Werk zu überarbeiten und schwierigere Modulationen einzuführen. Dieses Ziel wird erreicht, indem die Verwendung von Überbrückungsnoten verschoben wird, bis die Kinder bereit sind, Melodien in den Moll-Tonarten zu singen, die zur relativen Dur-Tonart modulieren. Wenn der oben erwähnte Plan zur Behandlung der Moll-Tonart übernommen wird, sind Überbrückungsnoten in dieser Phase unerlässlich, und die Melodien können zumindest anfangs nicht ohne ihre Hilfe gesungen werden. Ein weiterer Hinweis zu diesem Thema findet sich im Kapitel über den Unterricht im Vom-Blatt-Singen.

KAPITEL V

ERSTE STUNDEN FÜR ANFÄNGER IM GEHÖRTRAINING

Die Form dieser Lektionen variiert leicht je nach Alter der Kinder. Wir gehen davon aus, dass diese zwischen sieben und neun Jahren liegen, wenn die Kinder lesen und schreiben können.

In der ersten Unterrichtsstunde sollte die Tonleiter C-Dur gespielt werden, vom mittleren C bis zum hohen C, nur aufsteigend. Wiederholen Sie dann das mittlere C und halten Sie dabei kurz inne. Machen Sie dies drei- oder viermal und fordern Sie die Kinder auf, die Noten zu zählen, während Sie die Tonleiter nach oben spielen. Wenn alle sicher sind, dass acht Noten gespielt wurden, fragen Sie sie, warum sie glauben, dass Sie am Ende das mittlere C wiederholt haben. Sie werden wahrscheinlich sagen: „Damit es fertig klingt." Mit anderen Worten, sie haben die „geistige Wirkung" des Grundtons *in jeder Tonart erfasst*, den Dreh- und Angelpunkt, um den sich die anderen Töne drehen. Geben Sie gemäß dem Sol-fa-Plan das Handzeichen für diese Notiz und sagen Sie den Kindern, dass die Notiz *doh heißt*. Wiederholen Sie nun die Tonleiter, aber spielen Sie sie dieses Mal vom hohen C bis zum mittleren C und wiederholen Sie das hohe C am Ende. Die Kinder werden sofort sehen, was passiert ist und dass das hohe C nun die Passage „beendet". Daher wird es „High *Doh*" genannt und das Handzeichen wird wiederholt, jedoch auf einer höheren Ebene. Achten Sie darauf, die Hand am Handgelenk nicht zu beugen, wenn Sie dieses Zeichen geben, da sonst die Wirkung von Endgültigkeit und Ruhe verloren geht.

Wiederholen Sie diese Arbeit in der zweiten Lektion, wobei die Kinder Ihnen sagen, was Sie tun sollen. Machen Sie dann acht große Punkte an der Tafel und schreiben Sie auf den ersten und achten Punkt „*doh*" und „*doh*". Spielen Sie nun die ersten fünf Töne der Tonleiter und wiederholen Sie den ersten wie zuvor. Fragen Sie, wie viele Noten gespielt wurden. Dann spielen Sie sie noch einmal, aber beginnend bei der Quinte abwärts, und wiederholen Sie die Quinte am Ende. Fragen Sie die Kinder, warum sie denken, dass Sie das getan haben. Zuerst werden sie nicht in der Lage sein, ihre Gefühle auszudrücken, aber nach und nach entsteht die Idee, dass Sie die Aufmerksamkeit auf etwas Interessantes lenken möchten. Menschen rufen sich oft gegenseitig zu, indem sie eine Quinte hochsingen. Die neue Note hat im Verhältnis zum Grundton einen scharfen und hellen Klang. Daher das Handzeichen. Geben Sie den Namen *soh ein* und schreiben Sie ihn an den fünften Punkt an der Tafel. Die Kinder sollen nun nach den drei bekannten Handzeichen, auch nach den Notizen an der Tafel, singen. Sie sollten auch die Noten identifizieren, wenn sie in Zweier- und Dreiergruppen auf dem Klavier gespielt werden.

Wenn ihnen das alles leicht gelingt, wird die nächste Note, die Terz der Tonleiter, auf die gleiche Weise gespielt. Die „mentale Wirkung" ist ruhig und beruhigend, daher das Handzeichen. Zusätzlich zum Singen nach den Handzeichen und nach dem Sol-fa-„Modulator", der nach und nach auf der Tafel aufgebaut wird, können die Kinder jetzt nach der horizontalen Sol-fa-Notation und nach der Notenzeile singen. Die erste davon ist in den Anfangsphasen von unschätzbarem Wert, da sie das Raten absolut ausschließt. Beim Singen nach dem Modulator ist dies bis zu einem gewissen Grad möglich, da die Beziehung jeder Note zum Grundton ungefähr in der *Entfernung dargestellt wird.* durch die Punkte zwischen den Noten. In der horizontalen Notation gibt es keine solche Hilfestellung.

Zu Beginn der Arbeit in Notensystemnotation werden die Noten der Tonleiter als Stufen auf einer Leiter betrachtet. Wenn *doh* in allen Tonarten auf einer Linie steht, stehen *me* und *soh* auch auf Linien, und high *doh* steht auf einem Leerzeichen; aber wenn *doh* auf einem Feld steht, sind *me* und *soh* auf Feldern und high *doh* auf einer Linie. Das sind sehr einfache Dinge, aber Kinder sind einfache Menschen und werden solche Hinweise nicht verachten.

Die nächsten Noten der Tonleiter sind *ray* und *te* , dann *fah* und *lah* . Die letzten beiden sind die schwierigsten. Ein gutes Muster, das man den Kindern einprägen kann, ist:

dfmlst ǀ *D-*

welches sich aufteilt in:

dfm-; dls—

Wenn diese wirklich bekannt sind, wird man mit den Noten *f* und *l kein Problem finden* .

Es sollten viele Übungen gegeben werden, in denen die Noten der Tonleiter in Bezug auf das hohe *doh genommen werden* . Mögliche Noten sollten auch über dem hohen *doh genommen werden* (wie hoher *ray* , hohes *me* , hohes *fah* in der Tonleiter von C) und unter *doh* . In Bezug auf Letzteres kann die Tonart von Zeit zu Zeit geändert werden, wenn Sol-fa-Arbeiten von Handzeichen oder dem Modulator oder von der Sol-fa-Notation genommen werden, um einen größeren Bereich für die oben genannten Noten zu erhalten. Wenn der Klasse also das *doh von G-Dur gegeben wird, können sie tiefes te* , tiefes *lah* , tiefes *soh* und tiefes *fah* singen , oder, wie diese Noten in der Sol-fa-Notation geschrieben werden, *t* ₁ *ich* ₁ *Nr* ₁ *f* ₁. Diese Punkte werden von Herrchen manchmal übersehen, und die Gründlichkeit der frühen Ausbildung geht verloren.

Sobald die Kinder die diatonischen Töne der Tonart C-Dur beherrschen, sollten sie die erhöhte Quarte (*fe*), die verminderte Septime (*taw*) und die erhöhte Quinte (*se*) lernen. Später werden sie lernen, dass diese Töne oft Modulationen in die Dominant-, Subdominant- und Mollparallele einleiten.

Jetzt kann mit dem Improvisieren mit der Stimme begonnen werden, wie es in Kapitel IX vorgeschlagen wird. Dadurch wird die Unterrichtsstunde noch interessanter und das Kind erhält seine erste Einführung in die „Selbstdarstellung" durch die Kunst der Musik.

KAPITEL VI

Der Unterricht im Blattgesang

Der Unterricht im Vom-Blatt-Singen sollte mit dem Unterrichten der Notenschrift nach der Tonic-Solfa-Methode beginnen. Einwände dagegen werden manchmal von sehr musikalischen Menschen erhoben, die sich an keine „Methode" erinnern können, mit der sie selbst das Vom-Blatt-Singen gelernt haben, und deshalb glauben, dass ihre Schüler das Wissen auf die gleiche instinktive Weise aufnehmen können. Die Erfahrung zeigt, dass dies sehr selten der Fall ist.

Bei sehr kleinen Kindern ist es gut, sich ganz auf Handzeichen und Gehörtests zu beschränken, bis alle Noten der Tonleiter durch ihre „mentale Wirkung" bekannt sind. Ein Grund dafür ist, dass solche Kinder weder lesen noch schreiben können, sodass mit ihnen keine musikalische Arbeit durchgeführt werden kann, die dieses Wissen voraussetzt. Es muss darauf geachtet werden, den Unterricht so abwechslungsreich wie möglich zu gestalten.

In einer Stunde kann die Lehrerin die Handzeichen und Gehörtests selbst machen. In der nächsten kann ein Schüler die Handzeichen für den Rest der Klasse machen und die Lehrerin die Gehörtests. In der nächsten kann ein Kind die Gehörtests machen und so weiter. Ein erfahrener Lehrer wird viele ähnliche Möglichkeiten finden, um das Interesse am Unterricht zu wecken, auch wenn der tatsächliche Arbeitsaufwand notwendigerweise gering sein wird. Es bringt nichts, wenn man die ersten Schritte des Gehörtrainings überstürzt. Die Grundlage muss sicher gelegt werden, sonst gibt es später Probleme. Wer Erfahrung mit der Klassenarbeit in Kindergärten hat, kennt die besonderen Schwierigkeiten, die man bewältigen muss – die unregelmäßige Anwesenheit, den ständigen Zustrom neuer Schüler und so weiter. Wenn nicht genügend Gelegenheit zur Wiederholung gegeben wird, wird die Gründlichkeit der Arbeit darunter leiden.

Für Kinder, die dieses Werk im Alter zwischen acht und zwölf Jahren belegen, gibt es kein besseres Schema für das Blattsingen als das, das in Somervells „ *Fifty Steps in Sight-singing" enthalten ist* , ergänzt durch die von Curwen herausgegebenen Kinderbücher „ *A Thousand Exercises"* . Es ist wichtig, die Anhänge zu diesem Werk sorgfältig zu lesen, insbesondere den Anhang zu den Moll-Tonarten. Ein weiteres Buch mit Übungen zum Blattgesang, das der gleichen Reihenfolge folgt, ist der *Rational Sight Reader* von Everett, herausgegeben von Boosey.

Beim Unterrichten der Tonarten G-Dur und F-Dur ist es äußerst wichtig, dass die Klasse selbst die Notwendigkeit von F[#] und H[b] in den jeweiligen

Signaturen erkennt. Unerfahrene Lehrer lehren dies manchmal als Dogma und nehmen so den Kindern die Freude, es selbst zu entdecken.

Wenn also die Tonleiter G-Dur mit F[n] statt F[#] gespielt wird, entdeckt die Klasse, dass *taw* statt *te gespielt wurde* , und findet bald heraus, wie sich der falsche Ton korrigieren lässt.

Ähnlich verhält es sich, wenn in der Tonleiter F-Dur B[n] statt B[b] gespielt wird: Man sagt, *fe* sei statt *fah gespielt worden* .

Fünfzig Schritte entspricht , zeigt das folgende Diagramm auf einen Blick den zugrunde liegenden Plan:

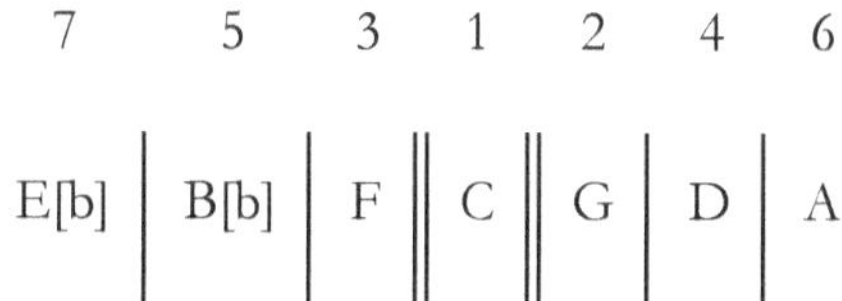

Es sollte beachtet werden, dass, was die Positionen der Noten auf der Notenzeile betrifft, die Tonart A[b] genauso einfach zu singen ist wie die Tonart A, D[b] wie D usw. Diese Tatsache wird manchmal übersehen und den Kindern unnötige Schwierigkeiten bereitet.

Es ist wichtig, dass eine Klasse in einer Tonart fließend vom Blatt singt, bevor sie sich an eine neue versucht. Manche Lehrer nehmen Schlüssel in Gruppen auf und versuchen, sie alle gemeinsam zu unterrichten. Dieser Plan führt selten zu zufriedenstellenden Ergebnissen.

Moll-Tonarten.

Es ist ratsam, die Behandlung dieser Fragen aufzuschieben, bis alle Dur-Tonarten beherrscht sind. Anschließend sollte die harmonische Form der c-Moll-Tonleiter gewählt werden, wobei die Kinder die beiden für sie neuen Noten als abgeflachte Terz und Sexte der Tonleiter identifizieren. Es ist eine gute Idee, sie ein paar Melodien von der Tafel singen zu lassen, die in c-Moll stehen, aber die Signatur von C-Dur tragen, wobei die abgeflachte Terz und Sexte mitgeliefert werden. Dadurch prägen die neuen Notizen die Kinder.

Später sollte die richtige Signatur durch Experimente entwickelt werden und derselbe Plan für die anderen Schlüssel befolgt werden, bevor die „Regel" zum Finden der Signatur besprochen wird. Anschließend kann die melodische Form der Tonleiter erlernt und beide Formen geübt werden, um der neuen Tonalität viel Freiheit zu geben. Die verschiedenen Moll-Tonarten sollten dann in der gleichen Reihenfolge wie die Dur-Tonarten gespielt werden.

Es empfiehlt sich, das Werk zunächst auf Melodien zu beschränken, die nicht in die entsprechende Dur-Variante modulieren. Später, wenn die Kinder einigermaßen fließend sprechen, können sie diese übernehmen. Zuerst müssen sie bei der Modulation „Bridge-Noten" verwenden, aber mit ein wenig Übung werden sie bald in der Lage sein, *Lah vom Blatt zu singen* .

Stimmgesang.

Kinder sollten nicht mehrstimmige Lieder singen dürfen, bis sie mehrstimmig vom Blatt singen können. Der Grund dafür ist, dass bei den meisten mehrstimmigen Liedern die Unterstimmen für die Kinderstimme zu tief geschrieben sind und wenn sie mehrmals hintereinander *geübt werden* , kann dies wahrscheinlich zu Schäden führen. Wenn die Lieder hingegen mehrstimmig gelesen werden können, können die Stimmen ausgetauscht werden und die Stimmen der Kinder leiden nicht im gleichen Maße darunter. Die größte Schwierigkeit beim Unterrichten mehrstimmigen Gesangs ist moralischer Natur: Ein Kind, das eine Unterstimme übernimmt, mag das Gefühl nicht, dass jemand über ihm singt. Die Stimmen müssen für diese Arbeit sorgfältig aufgeteilt werden – einige Lehrer ziehen es vor, die Balance auf der Seite der Unterstimmen zu erreichen, um das Gefühl zu vermeiden, dass man schreien muss, um gehört zu werden! Der ideale Plan besteht darin, die Stimmen in derselben Unterrichtsstunde frei auszutauschen.

Um Vertrauen zu vermitteln, sollten zunächst Übungen gewählt werden, bei denen die untere Stimme auf einem ziemlich hohen Ton beginnt und wenn möglich, bevor die obere Stimme einsetzt. Die untere Stimme sollte sich auch frei bewegen und nicht aus langen gehaltenen Tönen bestehen. Übungen, bei denen sich die Stimmen kreuzen, bieten hervorragende Übung. Gute Beispiele für einfache Übungen finden sich in Nr. 9, 68, 80, 101 usw. in Buch III von *Tausend Übungen* sowie in den vielen Kanons, die in diesem Buch zu finden sind.

Das dreistimmige Vom-Blatt-Singen sollte immer mit Übungen im kontrapunktischen Stil beginnen. Beispiele hierfür finden sich in *Three-part Vocal Exercises* von Raymond, herausgegeben von Weekes & Sons. Dieses Buch eignet sich auch für den Einsatz in Fällen, in denen Männerstimmen vorhanden sind, wobei die beiden Diskantstimmen von zwei Tenören und die transponierte Altstimme von einem Bass übernommen werden.

Eine gute Reihe von Teilliedern findet sich in der Year Book Press, die nur Lieder von Standardkomponisten aufnimmt.

Kapitel VII

Die Lehre von Zeit und Rhythmus

Es ist unmöglich, die Bedeutung sorgfältigen Lernens zu überschätzen, bevor ein Lehrer versucht, den Kindern ein Gefühl für Zeit und Rhythmus beizubringen.

Es muss nicht nur eine intellektuelle Vorstellung von der Bedeutung des Themas gewonnen werden, sondern auch eine unbewusste Erkenntnis davon. Die Funktion des Rhythmus in der Welt sollte erkannt werden, und natürliche Phänomene wie Tag und Nacht, die Jahreszeiten, die Gezeiten und unzählige andere scheinen Beispiele für dasselbe Prinzip zu sein. Der gleiche Einfluss lässt sich auch bei sozialen Aktivitäten beobachten. Arbeit kann nicht organisiert und weitergeführt werden, wenn keine rhythmische Ordnung vorhanden ist, und keine Vorstellung vom Gehirn oder von der künstlerischen Fähigkeit kann ohne Kenntnis der rhythmischen Kontinuität entstehen.

Ein Mensch mit einem unvollständigen Sinn für Gleichgewicht oder Rhythmus stellt eine Gefahr für die Gemeinschaft dar, und jemand, der diesen Sinn überhaupt nicht besitzt, wird als „verrückt" bezeichnet.

Bei der Ausbildung des Lehrers ist es gut, die Aufmerksamkeit zuerst auf den Rhythmus der Sprache zu lenken, bevor man sich mit dem der Musik beschäftigt. Wer über eine literarische Ausbildung verfügt, hat sich bereits mit den metrischen Eigenschaften von Poesie und Prosa beschäftigt. Sie werden bereitwillig zustimmen, dass solche Sätze wie:

„Der Vater meines Vaters hat es nicht gesehen."
„Frohes Neues Jahr für Sie." „Weil ich es weit weg von Männern suchte, in Wüsten und allein." „Wir müssen mit dem Tag des Polizisten zurückkehren, zurück in die Stadt des Schlafes."

Man kann sich vorstellen, dass es in [2/4]-, [3/4]-, [4/4]-, [6/8]-Zeiten geschrieben ist.

M. Jaques Dalcroze hat in seiner Rhythmischen Gymnastik gezeigt, welche außergewöhnliche Wirkung rhythmische Bewegungen nicht nur auf die körperliche Gesundheit, sondern auch auf die geistige und moralische Ausgeglichenheit haben können. Für sehr nervöse Kinder sind solche Übungen besonders nützlich, aber für alle Kinder sind sie von großem Wert. Sie sollten im Gehörbildungsunterricht durch ständiges Üben des Taktschlagens ergänzt werden. Der Lehrer beginnt mit dem Spielen einfacher Melodien mit stark ausgeprägten Akzenten. Die Kinder sollten diese Akzente selbst entdecken und lernen, den Takt zu schlagen, indem sie von Anfang an die richtigen Taktschläge des Dirigenten verwenden.

Die französischen Zeitnamen – *ta* , *ta-té* usw. – sind in frühen Stadien von unschätzbarem Wert. Sie basieren auf Sinneseindrücken und werden von den Kindern schnell erlernt. Indem man von Anfang an die Viertelnote als Einheit nimmt, wird der altmodische Plan vermieden, das Semibreve, die am wenigsten verwendete Note in der Musik, an eine primäre Stelle zu rücken.

Wenn die in Somervells *Fünfzig Schritte zum Vom-Blatt-Singen vorgegebene Reihenfolge* eingehalten wird, wird die Frage des komplizierten Takts den Kindern nicht zu früh aufgedrängt. Schüler, die nach anderen Systemen ausgebildet wurden, haben sich manchmal als unfähig erwiesen, Melodien zu singen, die in kompliziertem Takt geschrieben sind, obwohl sie den Takt zu den Noten schlagen und die Taktnamen fehlerfrei angeben können. Dasselbe ist bei ihrer Instrumentalarbeit zu beobachten. Dies liegt daran, dass eine Seite ihrer Ausbildung auf Kosten der anderen entwickelt wurde – der Takt auf Kosten der Tonhöhe. Es scheint wenig Sinn zu haben, einem Kind solche Taktwerte beizubringen wie

wenn es in der Tonart C-Dur nur vom Blatt gelesen werden kann!

Beim ersten Durchführen einer Übung im Vom-Blatt-Singen mit einer Grundschulklasse hat sich die folgende Vorgehensweise als hilfreich erwiesen:

1. Die Kinder singen die Melodie ohne Unterbrechung vom Blatt, wobei der Lehrer den Takt schlägt. Anschließend werden Fehler aufgezeigt und schwierige Passagen geübt.

2. Die Kinder stehen auf und singen die Melodie noch einmal durchgehend und schlagen dabei den Takt.

3. Dann stehen die einzelnen Kinder auf und singen die Melodie im Takt für sich. Auf diese Weise lernt das Kind den Klang seiner eigenen Stimme kennen und der Lehrer kann etwaige individuelle Fehler in der Intonation, Stimmbildung usw. korrigieren. Manche Kinder neigen immer dazu, zu schreien, wenn sie mit anderen singen, teils aus Aufregung und teils, weil sie ihre eigene Stimme auf keine andere Weise hören können. Wenn dies zugelassen wird, verschlechtert sich die Tonqualität schnell und die Wirkung der gesamten Klassenarbeit wird darunter leiden.

Es gibt nichts Schöneres, als kleinen Kindern beim leisen Singen zuzuhören, ohne dass ihre Stimme in irgendeiner Weise beansprucht wird.

KAPITEL VIII

Der Unterricht im Diktieren

Solange sich die Arbeit am Gehörtraining noch in einem sehr grundlegenden Stadium befindet, ist die beste Form des Diktierens:

1. Gehörproben, bestehend aus jeweils zwei bis drei Tönen, die möglichst frühzeitig in Notenschrift niedergeschrieben werden sollten.

2. Monotone Zeittests, die ziemlich kurz sein sollten, da die ständige Wiederholung derselben Note in derselben Tonhöhe die empfindlicheren Ohren einer Klasse irritiert. Dieser Punkt wird manchmal übersehen, mit dem Ergebnis, dass nur die weniger musikalischen Kinder einen wirklichen Nutzen aus den Tests ziehen.

Wenn Kinder in der Tonart D-Dur vom Blatt singen können, sind sie in der Lage, kurze melodische Phrasen im richtigen Takt und in der richtigen Stimmung aus dem Diktat zu notieren. Ein sinnvoller Plan besteht darin, die Phrase dreimal zu spielen, wobei die Kinder aufmerksam zuhören und den Takt schlagen. Anschließend sollten sie den Satz einmal bis *lah vorsingen* und ihn dann aufschreiben.

Diese Diktiermethode ist zufriedenstellender als das taktweise Diktieren, da sie die Aufmerksamkeit auf die musikalischen Phrasen als Ganzes lenkt. Später wird es möglich sein, immer längere Sätze auf die gleiche Weise zu diktieren. Ganz nebenbei wird neben dem Gehör auch das Gedächtnis trainiert.

Die Klasse sollte daran gewöhnt sein, Phrasen zu schreiben, die nicht unbedingt auf dem ersten Schlag des Takts beginnen. Die Handschrift, die genaue Position von Vorzeichen usw. sollten sorgfältig beachtet werden. Bei kleinen Kindern ist es gut, Handschriftenbücher zu verwenden, bei denen die Linien sehr weit auseinander liegen – die Hand eines kleinen Kindes verkrampft sich schnell, wenn es in ein normales Handschriftenbuch schreiben muss.

Wenn eine Klasse einfache Melodien richtig notieren kann, ist es an der Zeit, mit der zweistimmigen Arbeit zu beginnen. Lassen Sie ein Kind zunächst das eingestrichene C auf dem Klavier spielen und dann nacheinander alle Töne der Tonleiter C-Dur dazu kombinieren. Die Klasse entscheidet, welche dieser zweistimmigen Akkorde angenehm anzuhören sind. Die Meinung ist im Allgemeinen einhellig, dass die Terz, Sexte und Oktave die Grundlage für die ersten Übungen im zweistimmigen Diktat bilden werden.

Bevor die Klasse versucht, Takt und Melodie zu verbinden, sollte viel Übung an einzelnen Beispielen dieser Akkorde in mehreren Tonarten gegeben werden. Wenn die Schüler dazu bereit sind, sollte die Arbeit mit sehr einfachen Phrasen beginnen und viel wiederholt werden, damit sie schnell auswendig gelernt werden können. In einer späteren Phase werden Durchgangsnoten eingeführt. Es ist besser, die Übung zunächst ohne Durchgangsnoten durchzuspielen und sie nach dem Schreiben und Korrigieren erneut zu spielen und dabei die Durchgangsnoten einzufügen.

Bevor eine Klasse die Dur-Tonarten abgeschlossen hat, sollte sie zum Diktieren dreistimmiger Akkorde bereit sein. Da die Kinder an den Klang des Terzakkords auf allen Stufen der Tonleiter gewöhnt sind, wird es ein natürliches Experiment sein, eine bestimmte Terzkombination zu spielen und so zum Dreiklang zu gelangen. Nachdem dieser auf allen Stufen der Tonleiter gespielt wurde, sollte die Klasse aufgefordert werden, zu entscheiden, welchen dieser Akkorde sie zuerst kennenlernen möchten. Sie werden sich daran erinnern, dass die ersten drei Tonarten, in denen sie singen lernten, C-, G- und F-Dur waren, und werden daher vorschlagen, die Tonika-, Dominant- und Subdominant-Akkorde auszuwählen.

An dieser Stelle sei darauf hingewiesen, dass alle Noten der Tonleiter in einem dieser Akkorde enthalten sind. Dies ist ein Samen, der, wenn er gut gepflanzt wird, später die Grundprinzipien der Harmonisierung von Melodien hervorbringt.

Wir müssen nun sorgfältig an den drei Akkorden arbeiten. Beginnen Sie damit, dass die Klasse sie im Arpeggio und in einem bestimmten Rhythmus singt, um Präzision zu erreichen. Jeder Akkord sollte einmal sehr langsam gesungen werden, damit die Noten richtig und absolut gestimmt sind; dann noch zweimal schneller, um das Gefühl der Harmonie zu bekommen. Dieser Schritt ist für die späteren Ergebnisse von unschätzbarem Wert – oft hört man ein Kind verschiedene Akkorde im Arpeggio singen, wenn es Zweifel hat, welche Akkorde zur Harmonisierung einer Melodie verwendet werden sollen.

Wenn die drei Primärakkorde bekannt sind, können die anderen zusammen mit der Dominantseptakkorde und den Umkehrungen in allen Tonarten hinzugefügt werden. Dieser letzte Schritt darf nicht überstürzt werden. Die durchschnittliche Klasse beendet dreistimmige Akkorde selten in weniger als einem Jahr, und wenn nicht genügend Zeit gegeben wird, werden später Schwierigkeiten auftauchen, wenn vierstimmige Akkorde begonnen werden.

Es genügt nicht, Kinder darin zu trainieren, den tatsächlichen Tönen eines Akkords zuzuhören – sie müssen auch die mentale Wirkung spüren, und zwar auf die gleiche Art und Weise, wie sie diese Wirkungen bei den Tönen einer Tonleiter gespürt haben.

Ein späterer Schritt besteht darin, die Position des Akkords in einer Sequenz auszunutzen. So fällt dem Kind beispielsweise bald auf, dass viele Phrasen mit der Abfolge Subdominante – Dominante – Tonika enden.

Kommen wir nun zum Diktieren von vierstimmigen Akkorden. Diese müssen nicht im Arpeggio gesungen werden. Als erstes Experiment wird es notwendig sein, der Klasse den Akkord mit jeder verdoppelten Note vorzuspielen, damit sie die Notwendigkeit spüren, die beste Note zu verdoppeln.

Dieses Experiment ist äußerst wertvoll, da es dem Kind das beengende Gefühl nimmt, eine Regel nur deshalb befolgen zu müssen, weil sie im Lehrbuch steht.

Viele Phrasen mit den Primärakkorden im Grundton müssen aufgenommen werden, bevor die anderen Akkorde behandelt werden. Mindestens ein Jahr lang wird die Klasse nicht in der Lage sein, vierteilige Diktate zu *schreiben* ; Die Zeit sollte darauf verwendet werden, die gespielten Akkorde zu identifizieren.

Die Gesangsform eignet sich am besten für elementare Arbeiten. Es ist sehr einfach und kann an jede Art von Sequenz angepasst werden. Das Passieren von Noten, Vorschlägen, Vorhalten usw. sollte zunächst vermieden werden. Wenn die diatonischen Akkorde und ihre Umkehrungen bekannt sind, sollten die Hauptmodulationen untersucht werden. Es wird wahrscheinlich notwendig sein, dass die Lehrerin ihre eigenen Tests schreibt, da es nur sehr wenige veröffentlichte Gesangsbücher gibt, die genügend Übungen zur Verwendung der einfacheren Akkorde enthalten.

Der letzte Schritt in der Diktatlehre ist die Behandlung dessen, was man die „gemischte Phrase" nennen kann, also eine Phrase, bei der die Anzahl der Teile variiert. Dies ist die schwierigste Phase von allen und erfordert vom Lehrer äußerste Geduld. Aber zu diesem Zeitpunkt werden die Kinder bereits mit der praktischen Arbeit am Klavier begonnen haben, die im Kapitel „Die Lehre von Improvisation und Harmonie" beschrieben wird, und dies wird ihnen helfen, die Ausrichtung der gemischten Phrase leicht zu erkennen.

KAPITEL IX

DIE LEHRE DER EXTEMPORISIERUNG UND HARMONIE

In der Frühzeit entwickelte sich die Kunst der Melodie vor der der Harmonie. Der gleiche Plan sollte bei der allgemeinen musikalischen Ausbildung des Kindes befolgt werden.

Da jedes Kind eine Stimme besitzt, aber nicht in jedem Fall ein Instrument lernt, ist es klar, dass die grundlegende musikalische Ausbildung durch den Einsatz der Stimme erfolgen muss. Der erste Schritt besteht darin, das Singen vom Blatt und das Aufzeichnen einfacher Melodien nach Diktat zu erlernen. Parallel dazu sollte das Kind lernen, Melodien zu improvisieren und zu singen.

Schon ganz kleine Kinder haben Freude daran, eine musikalische Phrase zu vervollständigen, deren erste Takte ihnen vorgegeben wurden. Dabei gehen Sie folgendermaßen vor:

1. Der Lehrer schreibt zwei Takte in C-Dur im [2/4]-Takt an die Tafel.

2. Die Klasse singt es zweimal durch, wobei sie zuerst die Solfa-Namen für die Noten verwendet und dann „*lah*" *singt*.

3. Anschließend werden die Freiwilligen gebeten, den Satz durch das Hinzufügen weiterer zwei Takte zu vervollständigen. Die musikalischeren Kinder in der Klasse werden sofort reagieren und ihre Bemühungen werden den Ehrgeiz der anderen wecken. Bald wird es darauf ankommen, die Kinder abwechselnd in jede Unterrichtsstunde zu schicken – sie werden so eifrig sein, sich in Melodien auszudrücken.

Es ist wichtig, diesen frühen Bemühungen nicht zu kritisch gegenüberzustehen. Das Tolle daran ist, die Kinder unbewusst zu machen – die Vielfalt der melodischen Gliederung und des Rhythmus wird schnell genug folgen.

Der nächste Schritt besteht darin, dass zwei Kinder in der Klasse die ganze Phrase improvisieren, wobei eines die ersten beiden Takte und das andere die letzten beiden übernimmt. Tonart und Takt sollten so weit wie möglich variiert werden – Tonarten, die eine Quarte oder Quinte auseinander liegen, sollten nacheinander verwendet werden, sonst gehen die Kinder davon aus, dass sie jede Melodie in jeder Tonart singen können, was offensichtlich nicht der Fall ist. Eine in C-Dur gesungene Melodie, die das mittlere C und das hohe F verwendet, kann mit der Kinderstimme nicht in der Tonart G-Dur gesungen werden.

Die Klasse wird es nun recht einfach finden, eine ganze viertaktige Phrase improvisieren zu können. Der Lehrer kann Vorschläge machen, wie zum Beispiel:

„Beginnen Sie auf dem dritten Schlag des Taktes."

„Fügen Sie im Verlauf der Phrase zwei Triolen ein" und so weiter.

Wenn ihnen das leicht fällt, sind sie bereit, achttaktige Melodien zu beginnen. Zuerst gibt der Lehrer die ersten vier Takte vor, und verschiedene Mitglieder der Klasse spielen die Melodie zu Ende. Nun sollen Modulationen eingeführt werden. Das gleiche Verfahren wie zuvor sollte befolgt werden, bis jedes Kind in der Klasse die gesamte Melodie in einer bestimmten Tonart, einem bestimmten Takt und mit einer bestimmten Modulation vortragen kann.
Als nächstes kommt die sechzehntaktige Melodie, in die mindestens eine Modulation eingeführt werden sollte. Ein guter Plan besteht darin, mit der bekannten einfachen Form zu beginnen:
I. Vier Takte zur Kadenz [6/4] [5/3].
2. Vier Takte zur Hauptmodulation.
3. Wiederholen Sie die ersten vier Takte.

4. Vier Takte bis zum Ende.

Dafür können drei Kinder wie folgt eingesetzt werden:

Das erste Kind singt die ersten vier Takte, das zweite bis zum Ende des achten Taktes, dann wiederholt das erste Kind, was es gesungen hat, und ein drittes Kind beendet den Gesang. Dies ist eine hervorragende Übung, insbesondere für das erste Kind, das bald lernt, sich auf einen einfachen Anfang zu beschränken, da dieser später gespeichert und wiederholt werden muss.

Das Gedächtnis spielt bei der Fähigkeit zum Improvisieren eine viel größere Rolle, als viele Menschen glauben, und wenn dieser Schritt der Vorarbeit gewissenhaft ausgeführt wird, werden sich später reichhaltige Ergebnisse einstellen.

Wir kommen nun zum wichtigen Schritt des Improvisierens auf dem Klavier. Man muss bedenken, dass durch das Gehörtraining eine sehr gründliche Grundlage der Kenntnis von Akkorden gelegt wurde, die zur Fähigkeit führt, Akkorde nach Diktat aufzuschreiben und sie als Arpeggio zu singen.

Die erste Übung besteht darin, eine sehr einfache Tonika und dominante Begleitung auf dem Klavier zu spielen, während mit der Stimme eine Melodie improvisiert wird. Dabei ist weitaus mehr Abwechslung möglich, als es auf den ersten Blick scheint. Beispielsweise kann die Abfolge der Akkorde unter anderem auf eine der folgenden Arten erfolgen:

ICH   V   ICH   V   ICH   ICH   V   ICH

ICH   ICH   V   ICH   ICH   ICH   V   ICH

ICH   ICH   ICH   V   ICH   ICH   V   ICH

ICH   V   V   ICH   ICH   ICH   V   ICH

Diejenigen, die elementare Algebra studiert haben, werden eine einfache Anwendung der Permutationstheorie erkennen!

Es ist interessant zu beobachten, wie leicht Kinder diese Übung machen, wenn sie in der vorherigen Arbeit sorgfältig geschult wurden. Erwachsene Schüler sind dabei normalerweise viel langsamer als Kinder, teilweise weil sie dazu neigen, sich zu schämen und sich Sorgen um den Klang ihrer Stimme usw. zu machen. Aber das Kind, das daran gewöhnt ist, vom Blatt zu singen und vor der Klasse mit der Stimme zu improvisieren, ist nicht im Geringsten verlegen, wenn man es ans Klavier setzt und eine gesungene Melodie mit einer einfachen Klavierbegleitung kombiniert. Anfangs wird es dazu neigen, die Melodien auf die tatsächlichen Noten der Tonika- und Dominantakkorde zu beschränken, aber mit ein wenig Übung werden bald Durchgangsnoten usw. hinzugefügt und es entstehen anmutige kleine Melodien.

Die nächste Übung besteht in der Verwendung von drei Akkorden, Tonika, Dominante und Subdominante; die Melodie wird wie zuvor gesungen. In diesem Stadium ist es ratsam, die Diktatarbeit in der Klasse in Form von Phrasen durchzuführen, die mit diesen Akkorden harmonisiert werden können, um die Kinder an deren Verwendung zu gewöhnen. Dies bietet unschätzbare Übung in den Grundprinzipien der Harmonisierung von Melodien und sollte jeder formalen Behandlung des Themas vorausgehen.

Eine weitere nützliche Übung in dieser Phase besteht darin, die Kinder einen zweiten Teil hinzufügen zu lassen, entweder über oder unter einer bestimmten melodischen Phrase. Dies wird die Grundlage für die spätere Arbeit am formalen Kontrapunkt sein.

Die Klasse ist nun bereit für die Behandlung von Modulationen auf dem Klavier. Wenn die Vorarbeit in Kadenzen, Dominantseptakkorden usw. in allen Tonarten gewissenhaft durchgeführt wurde, wird es keine Schwierigkeiten bereiten, eine gesungene Melodie zu improvisieren, die moduliert, und eine einfache Begleitung am Klavier hinzuzufügen.

Jetzt können weitere Akkorde hinzugefügt werden, und die Kinder sind bereit, kurze Melodien ganz am Klavier und ohne die Hilfe der Stimme zu improvisieren. Für manche Menschen scheint dies einfacher zu sein, als die Stimme zu begleiten, aber die Erfahrung hat das Gegenteil bewiesen. Das Kind ist so daran gewöhnt, die Stimme zu benutzen, dass es zunächst geneigt ist, jede Melodie als Gesang zu betrachten, und ein wenig beunruhigt sein wird, wenn man ihm sagt, es solle nicht an die Stimmhöhe denken.

Die Disziplin dieser frühen Beschränkungen ist offensichtlich und kann nicht hoch genug eingeschätzt werden. Der „Hymnenmelodien"-Stil der frühen Kompositionen, der für viele Amateure eine große Falle darstellt, wird damit vollständig beseitigt.

Parallel zu dieser Arbeit ist es ratsam, die Klasse Gesänge improvisieren zu lassen, unter denselben Einschränkungen wie bei den Melodien, d. h. sie beginnen mit der Verwendung nur von Tonika- und Dominant-Akkorden, fügen dann die Subdominante hinzu und so weiter. Der Doppelgesang bietet Gelegenheit, mehr als eine Modulation gleichzeitig einzuführen. Diese Arbeit bereitet den Weg für bezifferte Bässe und formellere Harmonien. Die Kinder lernen, aufeinanderfolgende Quinten und Achtel zu vermeiden, weil sie allmählich deren Hässlichkeit bemerken, was ein besserer Plan zu sein scheint, als zu lernen, sie „regelmäßig" zu vermeiden.

Im Memorandum on Music des Board of Education aus dem Jahr 1914 gibt es einen interessanten Hinweis auf Methoden des Harmonieunterrichts.

Der Autor sagt:

„Es kann nicht genug betont werden, dass die derzeitige Methode des Harmonielehreunterrichts, bei der den Schülern beigebracht wird, Akkorde auf dem Papier mit dem Auge aufzulösen, ganz ungeachtet der Tatsache, dass 99 Prozent. Viele von ihnen bemerken nicht, dass der Klang der Akkorde, die sie schreiben, musikalisch wertlos ist.

„In keiner anderen Sprache als der der Musik würde es toleriert werden, dass die theoretischen Regeln der Grammatik und Syntax so vollständig von der tatsächlichen Literatur, aus der sie abgeleitet sind, getrennt sind, dass der Schüler niemals bemerkt hätte, dass es irgendeine Beziehung zwischen ihnen gibt." ihnen.

„Eine weitere sehr häufige Folge der Vernachlässigung einer auditiven Grundlage im Harmonieunterricht besteht darin, dass Schüler, die eine schwierige Prüfung bestehen und eine fortgeschrittene Harmonieübung korrekt mit dem Auge aufschreiben können, oft überhaupt nicht in der Lage sind, diese Übung wiederzuerkennen, wenn sie ihnen auf dem Klavier vorgespielt wird, oder nicht einmal in der Lage sind, die Noten eines

Kirchenlieds oder einer Melodie, die sie ihr Leben lang kennen, mit Ausnahme der Taktart aufzuschreiben."

Das gesamte Kapitel dieses Memorandums ist lesenswert.

Die letzten Phasen des Improvisationsunterrichts bestehen aus:

1. Eine bestimmte Idee in musikalischer Form ausdrücken, z. B. ein Marsch oder eine Gavotte.

2. Improvisieren zu einem vorgegebenen Thema.

Auch wenn man davon ausgehen kann, dass diese letzten Schritte über die Fähigkeiten eines durchschnittlichen Kindes hinausgehen, hat die Erfahrung gezeigt, dass dies nicht der Fall ist, vorausgesetzt, die vorherige Arbeit wurde sorgfältig bewertet und keiner der ersten Schritte wurde ausgelassen oder übereilt.

KAPITEL X

Die Lehre der elementaren Komposition

Ein weiser Musiker hat darauf aufmerksam gemacht, dass Musik eine wichtigere erzieherische Funktion hat als jede Fremdsprache, da sie eine gemeinsame Sprache für den Ausdruck von Emotionen, Vorstellungskraft und rhythmischem Gefühl ist. Er fuhr fort, dass es als Ausbildung von den allerersten Jahren an und für alle Klassen der Gemeinschaft von Nutzen sei.

Wenn wir dieser Auffassung zustimmen – und es ist ermutigend zu sehen, dass diese Ansicht immer mehr an Zahl vertreten wird –, müssen wir die musikalische Ausbildung der Kinder so organisieren, dass die Zeit kommt, in der sie bereit sind, sich in der Musik auf dieselbe Weise „auszudrücken", wie sie es in ihrer Muttersprache können.

Ein früheres Kapitel dieses Buches befasste sich mit der Lehre des Improvisierens, zunächst als stimmlicher Ausdruck, dann als instrumentaler Ausdruck. Wenn eine Klasse von Kindern das Stadium erreicht hat, in dem sie in der Lage ist, eine Melodie von sechzehn Takten in einer bestimmten Tonart und einem bestimmten Takt zu improvisieren und bestimmte Modulationen einzuführen, ist sie durchaus bereit, mit dem formelleren Studium der Komposition zu beginnen und initiiert zu werden in die Geheimnisse der Form. Bisher waren die Experimente der Klasse in dieser Richtung hauptsächlich spontan; Der Lehrer hat dem Kind, das improvisiert, so viel Freiheit wie möglich gelassen, aber jetzt ist die Zeit gekommen, in seinem Geist ein neues „Fenster" zu öffnen.

Einleitend sollte über die Notwendigkeit der Form in der Musik gesprochen werden. Es muss darauf hingewiesen werden, dass wir ohne sie nicht verständlich sind, dass es nicht ausreicht, eine Sprache zu beherrschen; wir brauchen *eine Form* , um unsere Ideen anderen mitzuteilen. Das Kind sollte erkennen, dass die großen Künstler aller Künste unter derselben Notwendigkeit stehen wie der jüngste Anfänger in der Komposition. Inspiration muss in einer bestimmten Form verkörpert sein, sonst können andere die Vision der Schönheit nicht teilen.

Eine Zeit lang muss das Kind nun lernen, eine musikalische Form auszuwählen und dann einen musikalischen Gedanken zu wählen, der sich darin angemessen ausdrücken lässt. Nach der Freiheit des Improvisierens wird es wie ein krampfhafter Prozess erscheinen, aber das Kind, das die Arbeit liebt, wird sich der Disziplin bereitwillig unterwerfen. Dem jungen Lehrer kann nicht oft genug eingeschärft werden, dass Kinder Disziplin im Allgemeinen *mögen* . Sie verachten diejenigen, denen sie gleichgültig ist, und unterwerfen sich bereitwillig denen, die es erwarten, vorausgesetzt, sie sind sich einer zugrunde liegenden Sympathie sicher.

Die ersten Formstunden sollten aus der Analyse einfacher Melodien bestehen, vorzugsweise vom Typ Volkslied. Die als AB, ABA bekannten Formen und die davon abgeleiteten Varianten werden erklärt, und die Klasse wird Beispiele für jede schreiben, wobei sie zunächst nicht die Melodien harmonisiert, dies aber später tut . Es werden dann die alten Tanzformen übernommen. Auf dieser Stufe ist es für diejenigen in der Klasse, die musikalisch sind und der Musik etwas mehr Zeit widmen möchten, absolut notwendig, einen Kurs der strengen Harmonie und des Kontrapunkts zu absolvieren; Wenn sie dies nicht tun, wird endlose Zeit verschwendet. Die Arbeit wird durch das bereits gelegte Fundament sehr erleichtert, denn ohne es zu wissen, üben die Kinder seit einiger Zeit einen kleinen freien Kontrapunkt, indem sie Gesangsstimmen zu einer bestimmten Melodie hinzufügen, und ihre Kenntnisse der praktischen Harmonie werden es tun ermöglichen es ihnen, in der formellen Arbeit viele Abkürzungen zu nehmen.

Die Tanzformen werden zusammen mit ganz einfachen Fugen und kontrapunktischen Studien sowie ein paar „freien" Übungen in Liedern und kurzen Stücken für die meisten Kinder im Kompositionsstudium so weit sein, wie sie es schaffen. Aber es wird immer ein paar in jeder Klasse geben, die begierig und in der Lage sind, weiterzugehen und mit dem Studium der Sonatenform zu beginnen. Für solche Kinder und sicherlich für alle Musiklehrer kann es kein besseres Lehrbuch geben als Hadows *Sonatenform* , veröffentlicht in der Novello Primer Series. Dieses Buch wird oft als „spannender als ein Roman" beschrieben! Somervells Charts für Harmonie und Kontrapunkt sind ebenfalls äußerst wertvoll und ersparen die Notwendigkeit eines Lehrbuchs zu diesen Themen – jedenfalls für den Anfänger, der unter Anleitung arbeitet.

Es gibt eine merkwürdige Tatsache bei allen außer den musikalischsten Kindern, wenn sie beginnen, selbst komponierte Melodien *aufzuschreiben* . Sie machen Fehler, die sie noch nie gemacht haben, wenn sie dieselbe Art von Melodie *improvisieren* . Dies scheint auf die Tatsache zurückzuführen zu sein, dass sie sich plötzlich unsicher fühlen – sie haben beim Schreiben mehr Zeit zum Nachdenken als beim Singen oder Spielen und neigen dazu, Takt für Takt zu komponieren, anstatt Phrase für Phrase. Sie erzeugen eine Melodie aus sieben Takten – sie enden mit einem schwachen Schlag – sie kommen in der Mitte einer achttaktigen Melodie auf dem Tonika-Akkord zum Stillstand, Grundton oben – die letzte Hälfte der Melodie wird es tun haben nichts mit der ersten Hälfte zu tun. Wir könnten eine Seite über ihre möglichen Fehler schreiben!

Das Heilmittel gegen diese Fehler besteht darin, darauf zu bestehen, dass die Melodien gesungen werden, bevor sie geschrieben werden. Die alte unbewusste Gewohnheit wird sich dann durchsetzen und die kleinen Melodien werden in Form kommen.

Es ist eine nützliche Lektion, eine Klasse dazu zu bringen, alle Originalmelodien zu kritisieren, wenn sie vom jungen Komponisten gespielt werden. Einerseits hat die Kritik unserer Zeitgenossen oft mehr Gewicht als die unserer Älteren; und zum anderen weckt die Übung die kritische Fähigkeit und lehrt die Kinder, aufmerksam zuzuhören, da sie die geschriebene Melodie nicht vor sich haben.

Nach ein wenig Übung werden die Kinder recht gute Kritikpunkte vorbringen können. Sie werden Punkte wie ein schwaches Tonartenschema, eine unangemessene Wiederholung der Hauptmelodie, eine unbeholfene Modulation, einen abgedroschenen Schluss, eine übertriebene Sequenz, die Tendenz, Ideen von anderen zu übernehmen, und so weiter bemerken.

Diese Ausbildung wird ihnen später im Konzertsaal von größtem Nutzen sein. Ein Autor *der Times* drückte es einmal so aus:

„Die vagen Eindrücke, die viele Menschen als einziges aus dem Konzertsaal mitnehmen, würden durch konkrete Erlebnisse ersetzt."

„Die mentale Analyse ist natürlich nicht das Hauptziel beim Musikhören, aber sie ist eine sehr wirksame Hilfe, um die Musik richtig zu verstehen. Es ist das Versagen, eine eindeutige Beziehung zwischen den Teilen und dem Ganzen zu erkennen, das viele Menschen verwirrt und sie aus dem Konzertsaal mit der Bemerkung treibt, sie könnten „klassische" Musik nicht verstehen."

KAPITEL XI

Die Lehre der Umsetzung

Viele Musiker werden sich nicht ernsthaft mit dem Thema Transposition befassen, weil sie keine Ahnung haben, in welche Richtung sie vorgehen sollen. Sie sind sich alle einig, dass das Wissen für sie von größtem Nutzen wäre, insbesondere im Hinblick auf die Liedbegleitung, aber der Weg scheint mit so vielen Schwierigkeiten behaftet zu sein und die Ergebnisse ihrer ersten Versuche sind so erbärmlich gering, dass sie im Allgemeinen Gib alle Hoffnung und alle Anstrengung auf. Andererseits sind einige der zu diesem Thema veröffentlichten Bücher für den Durchschnittsstudenten nicht sehr hilfreich. Einige von ihnen scheinen davon auszugehen, dass der Schüler sehr musikalisch ist und viel instinktiv tun kann. Sie geben daher nur die groben Anweisungen. Andere beginnen ganz vernünftig, lassen aber so viele Schritte in der Arbeit aus, dass man es einem Schüler verzeihen kann, wenn er sie aus Verzweiflung beiseite wirft.

Nun gibt es drei Hauptgründe, warum der Musiker gut daran täte, die Transposition zu studieren:

1. Zum Zweck der Liedbegleitung.

2. Als Hilfe zum Einprägen von Musik, insbesondere von Musik, die in einer Form geschrieben ist, in der unterschiedliche Tonarten für die Präsentation desselben Materials verwendet werden.

3. Als untrüglicher Test für eine solide „allgemeine" musikalische Ausbildung.

Der letzte Grund wird nicht oft vorgebracht, aber ein wenig Nachdenken zeigt, dass es für den durchschnittlichen Schüler, der in keiner Weise besonders begabt ist, unmöglich ist, selbst ein einfaches Musikstück vom Blatt auf dem Klavier zu transponieren, ohne zu beweisen, dass er ein geschultes Gehör und Kenntnisse der praktischen Harmonie besitzt. Für die Arbeit im Unterricht mit Kindern kann es ein noch wertvollerer Test für den Fortschritt sein. Denn das durchschnittliche Kind wird ohne ein gutes Maß an genauen Kenntnissen nicht in der Lage sein, einen einfachen Gehörtest – wie *dfmlstd* – auf dem Klavier von einer Tonart auf eine andere zu transponieren, sagen wir eine Quinte weiter.

Die ersten Transpositionsübungen sind sehr einfach. Jedes Kind im Alter von sieben oder acht Jahren, das in den Tonarten C-Dur und G-Dur vom Blatt singen und Gehörproben durchführen kann, kann sie durchführen. Sie bestehen aus:

1. Singen Sie eine bekannte Kirchenliedmelodie oder eine einfache Melodie im Volksliedstil und verwenden Sie dabei die Solfa-Namen der Noten. Sie sollte Satz für Satz gesungen werden, bis jedes Kind in der Klasse die richtigen Noten kennt.

2. Die Kinder gehen nun der Reihe nach zum Klavier und spielen jeweils eine Phrase der Melodie, zuerst in C-Dur, dann in G.

Es ist wichtig, die Tatsache hervorzuheben, dass ihnen die Melodie gut bekannt sein muss, da es sonst zu zusätzlichen Schwierigkeiten kommt.

Wenn die Kinder immer mehr Tonarten lernen, sollten diese Melodien in diese transponiert werden.

Sofern die Klasse nicht aus ausgewählten musikalischen Kindern besteht, wird es immer einige geben, die nicht Klavier lernen. Diese Arbeit wird eine ihrer Gelegenheiten sein, etwas darüber zu lernen. Bei solchen Kindern wurden interessante Ergebnisse erzielt, wenn der Lehrer enthusiastisch und hilfsbereit ist.

Wenn die Klasse mit dem Studium dreistimmiger Akkorde begonnen hat, wird die Transposition immer interessanter, da nun Akkordfolgen transponiert werden können. Wenn mit den ersten Schritten des Improvisierens am Klavier begonnen wird, schreitet die Transposition sprunghaft voran. Die Kinder werden begeistert sein, ihre kleine Tonika und die Dominantenbegleitung in jeder Tonart zu spielen – von der Dur- zur Moll-Tonika zu wechseln, indem sie die Terz und manchmal auch die Sexte der Tonleiter abflachen.

In einer solchen Arbeit steckt ein Gefühl von Freiheit und Macht, auf das die Klasse bereitwillig reagiert. Sie merken schnell, dass bestimmte Melodien nur in dieser oder jener Tonart „schön klingen" und auf diese Weise wird der Grundstein für einen „Farbsinn" gelegt. Abgesehen von der Frage, in welcher Tonart eine Melodie für ein Kind am besten klingt, fällt noch ein weiterer Punkt auf. Das Kind kann bestimmte Noten in bestimmten Melodien nicht singen, wenn es sich nicht an einen bestimmten Tonumfang hält. Das bringt ihnen etwas bei. Auf diesen Punkt wurde bereits im vorangehenden Kapitel hingewiesen.

Insgesamt zeigt sich, dass ihnen das Studium der Transposition ein neues Fenster in das Märchenland der Musik öffnet.

Später, wenn ein Kind selbst kurze harmonisierte Melodien komponieren kann, ist es gut, an dem Ideal festzuhalten, sie in jede Tonart transponieren zu können, und in bestimmten Fällen, in denen sich die Melodie für die Bearbeitung eignet, von Dur nach Moll und umgekehrt. Diese Arbeit muss natürlich freiwillig sein, aber ein Kind wird gut belohnt, wenn es feststellt, dass es nur der erste Schritt ist, der Kosten verursacht, und dass die zweite dieser Melodien viel einfacher zu transponieren ist als die erste!

Und es kommt die Zeit, in der sich ein Kind ans Klavier setzt und ganz glücklich improvisiert, entweder in F-Dur oder in F[#]-Dur, je nachdem, was vorgeschlagen wird. Eine solche Arbeit ist jede anfängliche Mühe wert – es ist ein kombinierter Prozess von Gehör und Verstand, der eine weitreichende pädagogische Wirkung hat.

Der letzte Schritt dieser Arbeit besteht darin, die Texte vom Blatt zu übertragen. Bisher wurden hauptsächlich das Ohr und der Verstand eingesetzt, aber jetzt muss das *Auge* geschult werden, um seinen Teil beizutragen.

Es hat sich als nützlich erwiesen, Kinder die Namen der Akkorde laut aussprechen zu lassen, wenn sie mit dieser Art der Transposition beginnen. Diese Gewohnheit stellt auf seltsame Weise eine Verbindung zwischen den verschiedenen Fähigkeiten her, die dabei zum Einsatz kommen. Das Auge kann dabei helfen, indem es die Intervalle zwischen aufeinanderfolgenden Noten in den verschiedenen Teilen und insbesondere in den äußeren Teilen wahrnimmt. Es erkennt die allgemeine Richtung des Stücks, bevor der Verstand ins Spiel kommt – die kommenden Modulationen und so weiter. Tatsächlich ist es nicht übertrieben zu sagen, dass es bei bestimmten musikalischen Phrasen am besten ist, sich allein auf das Auge zu verlassen, z. B. bei schnellen dekorativen Passagen, die auf den ersten Blick nicht immer leicht zu analysieren sind.

Jetzt muss eine Warnung ausgesprochen werden. Wer bei dieser Arbeit versucht, „Abkürzungen" vorzunehmen, wird sicherlich scheitern, es sei denn, er ist mit der Fähigkeit geboren – die einige zweifellos besitzen –, instinktiv umsetzen zu können. Solche Leute haben Glück, aber es ist nicht unsere Aufgabe, sie anzuleiten. Wir haben es mit dem Durchschnittskind zu tun, das in ziemlich großen Klassen unterrichtet wird, den normalen Schullehrplan befolgt und nur eine sehr begrenzte Zeit zur Verfügung hat.

KAPITEL XII

ALLGEMEINE HINWEISE ZUR TEILNAHME AN GEHÖRBILDUNGSUNTERRICHT

Alle, die Gehörbildung unterrichten, sollten ein Buch führen, in das sie auf der einen Seite den geplanten Arbeitsplan für jede Unterrichtsstunde und auf der anderen Seite die tatsächlich geleistete Arbeit schreiben. Im Laufe der Unterrichtsstunde können alle möglichen Dinge passieren, die den geplanten Plan durcheinanderbringen. Die Kinder finden die neue Arbeit vielleicht leichter oder schwieriger als erwartet, eine Frage eines Kindes kann plötzlich eine Unwissenheit offenbaren, die eine Abschweifung erforderlich macht – jeder Lehrer kennt die „Unbekannten" in der Unterrichtsarbeit. Wenn der geplante Arbeitsplan nicht durch das, was in jeder Unterrichtsstunde getan wird, überprüft wird, wird es später Schwierigkeiten geben.

Außerdem muss jede Unterrichtsstunde eine eindeutige Verbindung zwischen vergangenen und zukünftigen Unterrichtsstunden herstellen. Für einen initiativ eingestellten Lehrer ist es oft eine Versuchung, die Aufmerksamkeit auf einen neuen Aspekt des Themas zu lenken, an dem er gerade besonders interessiert ist, wenn die vorherige Arbeit nicht in einem Zustand ist, in dem man sie auch nur für zwei oder drei Unterrichtsstunden liegen lassen kann. Irgendetwas passiert, wodurch er dies erkennt, und die neue Arbeit wird eilig liegen gelassen – sozusagen in der Luft schwebend – und erst wieder erwähnt, wenn sie durch einen Zufall daran erinnert wird. Ein solcher Unterricht hat sicherlich den Reiz der Neuheit für eine Klasse, aber wir müssen bedenken, dass einer der Fehler der Kindheit darin besteht, dass man zu schnell weitermacht, um „etwas Neues" zu lernen, bevor man die vorherige Arbeit sicher beherrscht.

Beim Unterrichten sollte der Lehrer versuchen, mit seiner normalen Stimme zu sprechen. Unerfahrene Leute denken manchmal, dass man in einem ziemlich großen Raum schreien muss. Aber vorausgesetzt, die Stimme ist klar und die Artikulation gut, ist eine tiefe Stimme genauso gut zu hören wie eine laute und vermittelt sicherlich ein größeres Gefühl der Ruhe.

Ein weiterer Fehler, den es zu vermeiden gilt, ist Monotonie des Tons. Wir brauchen beim Sprechen ebenso „Modulationen" wie in der Musik, und eine Klasse ist dafür sehr anfällig, wenn auch oft unbewusst. Ein Positionswechsel ist hilfreich. Die Stimme der Lehrerin wird sofort heller, wenn sie von der Bühne herunterkommt und ein wenig herumgeht. Aber sie darf der Klasse nie den Rücken zukehren, wenn sie ihnen tatsächlich etwas erzählt. Musikalische Menschen, die in solchen Dingen nicht die gleiche Erfahrung haben wie der normale Lehrer, tun dies ständig und verdecken sogar den größten Teil einer Tafel, wenn sie auf Noten einer Melodie zeigen.

Zu Beginn einer Unterrichtsstunde wird die größtmögliche Anstrengung erzielt, wenn die Gemeinschaftsarbeit vor der Einzelarbeit steht, also das Blattsingen vor dem Diktieren, Improvisieren usw. Der Grund dafür liegt auf der Hand, es wird dadurch ein gewisser Impuls erzeugt, der später, wenn die Kraft zerstreut ist, nicht mehr möglich ist.

Bevor eine Melodie vom Blatt gesungen wird, sollte die Klasse sie analysieren und dabei die Tonart, die Taktart, die Anfangsnote, Modulationen, Sequenzen, den allgemeinen Aufbau usw. angeben. Erinnern Sie die Kinder von Zeit zu Zeit daran, dass das letzte Kreuz in einer Signatur das *te* in einer Tonart ergibt, das letzte B das *fah* ; dass beim Modulieren zur Dominant-Tonart das *Fe* der ersten Tonart zum *Te* der zweiten wird, beim Übergang von einer Tonart zu ihrer Subdominante wird *taw zu fah*, für die relative Moll-Tonart wird *se zu te* und für die relative Dur-Tonart wird *taw* zu *soh*. Wenn in einer Moll-Tonart *das Taw* in einer aufsteigenden Tonleiterpassage auftritt oder durch einen Sprung übernommen oder verlassen wird, ist dies außerdem ein Zeichen für eine Modulation zur entsprechenden Dur-Tonart.

Zu Beginn der Melodie wird der Tonika-Akkord gespielt, und der Lehrer schlägt einen ganzen Takt zusammen mit einem Bruchteil des nächsten, wenn die Melodie auf einem Off-Beat beginnt, bevor die Klasse damit beginnt.

Tippen Sie beim Schlagen nicht auf die Zeit: Dies fördert die Gewohnheit der Unaufmerksamkeit einer Klasse. Der Lehrer sollte auch nicht den Takt schlagen, wenn die Klasse dies tut, außer für einen Moment, um einen Fehler zu korrigieren. Ein Grund dafür ist, dass sich der Arm des Lehrers in bestimmten Taktschlägen in eine andere Richtung bewegt als der Arm der ihm gegenüberstehenden Klasse, wenn die Taktart etwas anderes als [2/4] oder [6/8] ist, was äußerst verwirrend ist.

Korrigieren Sie niemals einen Fehler, indem Sie selbst die richtige Note singen. Das wäre Lehren durch Nachahmung – so wie wir einem Vogel beibringen, eine Melodie zu singen – und nicht Lehren durch Methode.

Denken Sie daran, dass wir in einem Vom-Blatt-Gesangskurs nicht auf künstlerische Darbietungen abzielen. Hämmern Sie also nicht auf einer Melodie herum, bis Sie sie so gut aufführen, wie Sie es sich wünschen. Wenn Sie das tun, ist Ihr Ziel die „Darbietung" – nicht das Vom-Blatt-Singen.

Wenn ein Kind beim Diktieren einen Fehler macht, sagen Sie ihm nicht, was falsch ist, es sei denn, Sie haben sehr wenig Zeit. Lassen Sie es die Phrase singen, die es zu Sol-fa-Namen geschrieben hat – auf diese Weise wird es seinen eigenen Fehler erkennen.

Beim Schreiben von Notizen, sei es an der Tafel oder auf Manuskriptpapier, ist es nicht notwendig, den gesamten Raum zwischen den Zeilen auszufüllen, wie es bei gedruckten Noten der Fall ist. Wenn Kinder dies tun dürfen, werden sie sich lange mit den Übungen beschäftigen. Bringen Sie ihnen bei, alle Enden von Notizen *nach oben zu drehen* , die in Zeilen oder Leerzeichen unterhalb der dritten Zeile geschrieben sind, und *nach unten* für die Zeilen darüber. Die Richtung der Notenenden in der dritten Zeile selbst hängt vom Kontext ab. Diese Anweisungen beziehen sich natürlich auf das Schreiben von Melodien. Selbst erwachsene Schüler müssen oft daran erinnert werden, dass Vorzeichen *vor* und nicht hinter der betreffenden Note stehen müssen; Außerdem muss ein Punkt nach einer Notiz, die auf einer Zeile geschrieben ist, auf der nächsten Stelle darüber stehen, nicht auf der Zeile selbst. Kinder vergessen oft, dass die Hauptnote in einer Moll-Tonart immer ein Vorzeichen trägt.

Wir müssen jetzt noch ein wenig zum Thema Revision sagen. Es ist ein Fehler der jungen Lehrerin, dass sie dies oft völlig vernachlässigt, so dass ihre Klasse nur in der zuletzt gelernten Tonart präzise vom Blatt singen und diktieren kann. Während der ersten Unterrichtsstunden in einer neuen Tonart ist es sicherlich nicht ratsam, Übungen in den vorangegangenen zu geben, da die gesamte Aufmerksamkeit auf die neue Tonart gerichtet sein muss. Andere Schlüssel sollten jedoch mindestens alle drei Wochen abgenommen werden. Ein ungeduldiger Mensch könnte sagen: „Aber richtig erzogene Kinder könnten so schnell nicht vergessen!" Dennoch sind wir manchmal bei fast jedem Thema unklar, aber daraus folgt nicht, dass wir entweder Dummköpfe oder schlecht belehrt sind: Wir sind einfach nur Menschen! Schließlich geraten Maschinen außer Betrieb. Warum also nicht die komplizierteste Maschine überhaupt – den menschlichen Geist?

Auch hier ist es nur die unerfahrene Lehrerin, die denkt, ihr Unterricht sei von ihrer Vorgängerin schlecht unterrichtet worden. So mancher Schüler in der Ausbildung neigt nach der ersten Unterrichtsstunde mit einer neuen Klasse zu dem irritierenden Schluss, die Kinder wüssten „nichts". Das bedeutet im Allgemeinen, dass nach den Ferien der bisherige Stoff ein wenig überarbeitet werden muss, bevor mit dem neuen Stoff begonnen werden kann.

Bei der Leitung eines ziemlich fortgeschrittenen Kurses ist ein Lehrer oft besorgt, weil in einer einzigen 40-minütigen Unterrichtsstunde pro Woche nicht genug Zeit ist, um alle Themen wie Akkorde, Kadenzen, Improvisation, Transposition usw. zusätzlich zum Vom-Blatt-Singen und Diktieren zu behandeln. Dies ist sicherlich völlig unmöglich, und dies ist einer der Gründe für den scheinbar langsamen Fortschritt. Die Schwierigkeit hat jedoch auch eine gute Seite, denn diese Arbeit sollte nicht überstürzt werden, und es ist gut, zwischen den Verweisen darauf eine kleine Atempause zu lassen.

Manchmal hört man Lehrer mit Bedauern über die gute Laune in ihren Klassen sprechen, die zu Unruhe führt. Aber wir sollten nie *die Kraft* eines Kindes bedauern, und wir müssen erkennen, dass jede aufgestaute Kraft ein Sicherheitsventil braucht. Es muss unsere Aufgabe sein, diese Kraft in sichere Bahnen zu lenken. Wenn die Kinder wirklich beschäftigt sind, ihnen viel zu tun geben, wird es keinen Grund geben, ihre Vitalität zu bedauern.

KAPITEL XIII

Der Klavierunterricht

Im Rahmen eines Kapitels ist es unmöglich, mehr zu tun, als auf einige praktische Punkte im Zusammenhang mit dem Unterricht und der Organisation dieser Arbeit in einer Schule einzugehen. Wie bereits im vorangehenden Kapitel erwähnt, ist es für alle kleinen Kinder, die Klavier spielen lernen möchten, ideal, dass sie zunächst einen kurzen Kurs zur Gehörbildung absolvieren. Wenn dies gelingt, wird der Arbeitsfortschritt im ersten Jahr etwa dreimal so hoch sein wie sonst. Wenn das Gehörtraining nach den in früheren Kapiteln vorgeschlagenen Grundsätzen durchgeführt wird, hat das Kind gelernt, einfache Melodien vom Blatt zu singen, es wird sich der Frage der Zeit mithilfe der französischen Zeitnamen genähert haben und es hat gelernt, zu schlagen im Takt des richtigen Dirigenten zu spielen, Noten auf dem Klavier zu finden und, was noch wichtiger ist, diese Noten anhand des Klangs im Verhältnis zu festen Noten zu kennen.

Auf diese Weise werden einige der Prozesse, die ein Kind zu Beginn des Klavierspielens durchläuft, einzeln in Begleitung anderer Kinder durchgeführt und daher nicht überstürzt.

Wenn die Zeit gekommen ist, mit dem Klavierspielen zu beginnen, sollte das Kind für ein Jahr eine entsprechende *Klasse besuchen*. Eine solche Klasse sollte nicht mehr als sechs Personen umfassen. Während dieser Zeit wird sie ihr Wissen um die ersten Grundlagen des Fingersatzes erweitern, einfache Übungen für Finger, Handgelenk usw. spielen und einige einfache Stücke und Duette lernen.

Von Anfang an wird ihr beigebracht, ein Stück zu analysieren, bevor sie anfängt, es zu spielen – sie wird die Tonart, den Takt, die Kadenzen, Sequenzen, Nachahmungspassagen, Modulationen usw. herausfinden. Wenn die Melodie im Stimmumfang des Kindes liegt, wird es sie singen und dabei den Takt schlagen. Nach diesen Vorarbeiten ist es nur noch eine Frage der Technik, das Stück spielen zu lernen. Die letzte Stufe besteht darin, das Stück auswendig zu lernen. Die Zeiten sind lange vorbei, als es als Zeichen außergewöhnlicher musikalischer Begabung galt, dies zu können. Alle erfahrenen Lehrer wissen, dass ein Kind, vorausgesetzt, sein Gehör wird mit einer Methode wie der oben vorgeschlagenen geschult, ein Musikstück fast vollständig ohne Klavier auswendig lernen kann. Das heißt, statt der ermüdenden Wiederholungen, die früher notwendig waren, bevor ein Stück auswendig gespielt werden konnte, ist es möglich, das Stück ohne Klavier zu lernen, sobald die Technik gemeistert ist und in vielen Fällen sogar schon vorher. Der Nutzen liegt auf der Hand und die Nerven sowohl des Spielers als auch der unfreiwilligen Zuhörer profitieren davon.

Ein wenig Nachdenken wird zeigen, dass es für durchschnittliche Kinder nicht schwieriger sein dürfte, auf diese Weise ein Musikstück auswendig zu lernen, als für sie, ein Stück Prosa oder ein Gedicht auswendig zu lernen. Die ersten Schritte sind genau die gleichen – die Sprache muss bekannt sein, und dann ist es eine Frage des Gedächtnisses, und zwar nur des Gedächtnisses. Wer würde auf die Idee kommen, Gedichte auswendig zu lernen, indem man sie hundertmal oder öfter laut wiederholt? Doch so wurde es früher auch bei der Musik gemacht.

Vor sechzig Jahren galt kein Mädchen als gebildet, das nicht ein wenig Klavier spielen konnte. Seitdem hat eine Reaktion eingesetzt. Das Niveau des Klavierspiels ist so weit gestiegen, dass man Eltern oft sagen hört, ihr Kind sei nicht musikalisch genug, um ihm ein Instrument beizubringen. Das ist schade. Musik wird in unserem täglichen Leben so häufig verwendet, dass wir ohne unsere „durchschnittlichen Künstler" nicht auskommen können. Der Soldat marschiert am besten nach einer Melodie, der Matrose wirft seinen Anker zu einem Lied, das Ritual aller Formen der Religion braucht die Hilfe der Musik; wir brauchen sie nicht nur für die Prachtentfaltung unserer Prozessionen, sondern auch in den feierlichen Krisen von Leben und Tod. Für diese Zwecke sind Künstler ersten Ranges nicht notwendig.

Jedes Kind, auch wenn es scheinbar unmusikalisch ist, sollte seine Chance bekommen, jedenfalls bis zum Alter von zwölf Jahren. Während dieser Zeit sollte bei unmusikalischen Kindern der Schwerpunkt nicht so sehr auf Perfektion der Technik liegen, sondern auf der Fähigkeit, einfache Stücke wirklich gut zu spielen und Dinge wie Duette, Liedbegleitungen usw. vom Blatt zu lesen.

Wenn die Kinder darüber hinaus einen Gehörbildungskurs besucht haben, sind sie in jedem Fall für den Rest ihres Lebens intelligente Zuhörer des Spiels anderer.

Für alle Kinder sollte das Blattlesen nicht nur Teil jeder Unterrichtsstunde, sondern auch der täglichen Übung sein. Es wurden viele Bücher zum Blattlesen veröffentlicht, gut abgestuft, einige davon beginnen mit kleinen Stücken nur im Violinschlüssel und gehen weiter zu fortgeschrittenen Tests. Im Folgenden sind einige, ausgewählt aus vielen anderen ausgezeichneten Büchern:

Schäfer (3 Bände, Augener-Verlag).

Hilliard (5 Bände, erschienen bei Weekes).

Somervell (2 Bände, veröffentlicht von Augener bzw. Weekes).

Taylor (1 Band, erschienen bei Bosworth).

Da ein Kind im Laufe seines Studiums mehr als ein solches Buch benötigt und nicht zweimal dieselbe Prüfung ablegen kann, wurde in einigen Schulen geplant, die Noten über eine Lehrerin gebraucht von einem Schüler zum anderen zu verkaufen, so wie es manchmal auch normale Schulbücher gibt. Dadurch verringert sich die Kosten für den ständigen Kauf neuer Bücher zum Vom-Blatt-Spielen. Ein weiterer Plan ist die Einrichtung einer Leihbibliothek, für die jedes Kind 2 oder 3 *Pence pro Semester zahlt*.

Beim Unterrichten von „Stücken" sollten Musiklehrerinnen im Hinterkopf behalten, dass die Kinder von Zeit zu Zeit die Stücke wiederholen müssen, die sie bereits fertig gespielt haben. Nichts ist für Eltern ärgerlicher, als wenn ein Kind ihnen sagt, dass es einem Besucher „nichts vorzuspielen" hat. Die Lehrerin, die darauf bedacht ist, einen Schüler so schnell wie möglich weiterzubringen, übersieht diesen Punkt oft, und die Eltern bekommen dadurch einen völlig falschen Eindruck vom Fortschritt des Kindes.

Kommen wir nun zu der heiklen Frage der Musikinterpretation durch Kinder. Über die Vorgehensweise der frühen klassischen Komponisten lässt sich ein interessanter Punkt feststellen. Sie waren daran gewöhnt, bei der Aufführung ihrer Werke nur minimale Angaben zum Tempo und zu allgemeinen Einzelheiten zu machen.

Und zu welcher Schlussfolgerung führt uns das? Sicherlich zu dieser: dass diese Giganten der Musik die Notwendigkeit erkannten, dass *sich jeder Interpret ihrer Werke* durch die Musik ausdrücken muss, unter Einhaltung der vom Komponisten vorgegebenen Rahmenbedingungen. Wie Hegel sagte: „Musik ist die subjektivste aller Künste." Und ist es nicht diese ständige Notwendigkeit zur persönlichen Interpretation, die von den meisten Künstlern so stark empfunden wird, die das dauerhafte Interesse an der Musik ausmacht?

Wir sagen „von der Mehrheit der Künstler", denn ab und zu treffen wir auf einen Künstler, der vom Weg der Schönheit abgewichen zu sein scheint und seine Energie mit asketischer Entschlossenheit darauf verwendet, eine bestimmte Interpretation des Werkes eines Komponisten am Leben zu erhalten , oder Werke; der diese Interpretationen seinen Schülern diktiert, und der von anderen Künstlern spricht, die die Pflicht zur Selbstdarstellung durch die besagten Werke als „Außenseiter" und „nicht im Kult" empfinden. Solche Musiker scheinen nicht zu erkennen, dass eine solche Haltung schlicht und einfach „Götzendienst" ist. Sie haben nicht über die bekannte Anekdote von Brahms nachgedacht, der auf die Frage eines Sängers, ob seine Interpretation eines seiner Lieder „die Richtige" sei, antwortete: „Es ist eine von vielen hundert möglichen Interpretationen."

Nun muss noch ein Wort zur Organisation der Instrumentalarbeit in der Schule gesagt werden. Es ist wichtig, dass diese in den Händen einer Person liegt, die nicht nur ein Auge auf Fragen der Methode, der Musikauswahl, der Unterrichts- und Übungsdauer usw. hat, sondern auch Mittel entwickelt, um die Fortschritte der Schüler jedes Semester auf die gleiche Weise zu testen, wie ihre Fortschritte in anderen Fächern getestet werden. Die Fortschritte der einzelnen Schülerin sollten kein Geheimnis zwischen ihr und ihrer jeweiligen Lehrerin sein!

Es ist ein guter Plan, jedes Trimester in einer Schule ein kurzes Konzert zu veranstalten, bei dem jeweils zwanzig bis fünfundzwanzig Schüler spielen. Solche Konzerte sollten nicht länger als 1 1/4 Stunden dauern. Nichts ist für den Außenstehenden ermüdender, als Amateuraufführungen zuzuhören, die sich über zwei und manchmal bis zu drei Stunden hinziehen. Wenn der obige Plan umgesetzt wird, wird kein Kind mehr als ein kurzes Stück spielen können. Eine Lehrerin, die den Erfolg einiger besonders begabter Schüler im Auge hat, wird manchmal vorschlagen, dass ein Konzert nur aus der Aufführung von zwei oder drei dieser Stücke bestehen soll und dass jeder Schüler mehr als einmal spielen soll.

Solche Vorschläge sollten missbilligt werden.

Was wir wollen, wenn wir ein pädagogisches Ziel im Auge haben, ist nicht so sehr, den wenigen musikalischen Kindern einer Schule die Möglichkeit zu geben, Erfahrungen im öffentlichen Spielen zu sammeln und indirekt ihre Fortschritte einem bewundernden Publikum zu zeigen, sondern wir wollen jedem Musikschüler wiederum die gleiche Chance zu geben.

Alle Kinder brauchen Erfahrung, bevor sie anderen so vorspielen können, dass sie nicht nur sich selbst gerecht werden, sondern auch ihren Zuhörern Freude bereiten.

Stücke, die bei solchen Konzerten gespielt werden, sollten stets auswendig sein. Möglicherweise bricht die nervöse Schülerin beim ersten Auftritt zusammen, aber ihr wird schnell eine selbstbewusstere Spielerin nachfolgen, das kleine Opfer der „Nerven" wird bald vergessen sein und die so gesammelten Erfahrungen sind von unschätzbarem Wert.

Vor einem Konzert sollte eine Probe im selben Raum abgehalten werden, in dem das Konzert stattfinden soll. Nur wenige Menschen scheinen sich darüber im Klaren zu sein, welch großen Unterschied ein solcher Umgebungswechsel für Kinder macht. Die Schülerin, die ihr Stück auf dem Klavier ohne einen einzigen Fehler vor ihrer Lehrerin und in dem Raum spielt, an den sie gewöhnt ist, wird oft Schwierigkeiten haben, es auf einem anderen Klavier und in einem anderen Raum zu spielen.

So geriet ein Kind während eines abendlichen Konzerts einmal in einen Nervenzusammenbruch. Als man es nach dem Grund fragte, sagte es: „Ich habe dieses Stück noch nie in der Nähe einer Kerze gespielt und mir gefielen die Schatten auf dem Klavier nicht."

Solche Bemerkungen geben einen echten Einblick in die Psyche eines Kindes.

Noch ein kleiner Hinweis sei erwähnt: In den Unterrichtsstunden unmittelbar vor einem Konzert sollte sich die Lehrerin, während das Kind ihr Konzertstück spielt, ans Ende des Unterrichtsraumes begeben, damit ihre unterstützende Anwesenheit beim Kind während des Konzerts nicht vermisst wird.

Auf das Konzert folgt wahrscheinlich eine Art Empfang der Eltern der Schüler durch die Schulleitung. Kein Lehrer sollte diese Gelegenheit versäumen, die Eltern seiner Schüler kennenzulernen. Ein freundliches Gespräch über die Fortschritte oder mangelnden Fortschritte eines Kindes führt oft dazu, dass ihm zu Hause mitfühlende Hilfe geleistet wird, und in jedem Fall erfährt der Lehrer wahrscheinlich etwas über den Charakter und das häusliche Umfeld des Kindes, was ihm bei seiner Arbeit helfen wird.

Teils aus Zeitmangel, teils weil einige Stücke noch nicht fertig sind, wird es einigen Kindern nicht möglich sein, beim Schulkonzert mitzuspielen. Solche Kinder sollten am Ende des Semesters versammelt werden und der Lehrerin vorspielen, die die Arbeit organisiert. Auf diese Weise sammeln auch sie Erfahrungen und erhalten einen kleinen Schwerpunkt für ihre Arbeit.

Wir müssen noch einen letzten Vorschlag hinzufügen. Jede Musiklehrerin sollte ein Register führen, in dem sie nicht nur die Namen ihrer Schüler, die Unterrichtszeiten, Abwesenheiten, verspätete Ankunft usw., sondern auch eine genaue Liste aller von ihnen geleisteten Arbeiten mit Datum notiert. Dies ist von unschätzbarem Wert, nicht nur, um ihren Fortschritt einzuschätzen, sondern auch, um schnell einen Überblick über ihre Arbeit in der Musikliteratur zu erhalten. Das ist es leider! Ein Tag voller Prüfungen, und angesichts der vielen kleinen Hefte mit Studien und Stücken, die für externe Prüfungen besorgt werden müssen, besteht eine ernsthafte Angst, dass die systematische Ausbildung eines Kindes in klassischer Musikliteratur unterbrochen oder zumindest unterbrochen werden könnte eine Zeit lang auf einer Seite. Ein solches Buch ermöglicht es der Lehrerin, für jeden Schüler einen bestimmten Arbeitsplan im Auge zu behalten, und je beschäftigter die Lehrerin ist, desto mehr wird sie eine solche Hilfe für ihr Gedächtnis benötigen.

Außerdem sollte die Schülerin ein Register führen, in dem sie genau notiert, wie viel Zeit sie täglich für das Üben aufwendet und wie sie diese aufteilt. Dieses Buch sollte zu jeder Musikstunde mitgebracht werden und am Ende jedes Semesters auch der betreuenden Lehrerin gezeigt werden.

KAPITEL XIV

VORSCHLÄGE FÜR STUDIERENDE ZUM VERLASSEN EINER AUSBILDUNGSABTEILUNG

Wenn man eine Ausbildung in der von uns in Betracht gezogenen Richtung abschließt, ist es gut, das Erreichte aus der Vogelperspektive zu betrachten.

Bei der gesamten kommunalen Arbeit lassen sich die Ergebnisse grob in zwei Kategorien einteilen:

1. Die Gewinnung neuer Ideen und neue Möglichkeiten, alte Ideen zu präsentieren.

2. Die Charakterentwicklung durch den Austausch mit Kommilitonen und denen, die die Arbeit leiten.

Was die eigentliche Arbeit betrifft, wurde Folgendes betont:

1. Die Notwendigkeit, Musik als Sprache zu betrachten.

2. Verschiedene Unterrichtsmethoden gemäß dieser Idee.

3. Der Grundsatz der Einbeziehung des Werkes in den regulären Lehrplan der Schulen, mit klassenbezogener Behandlung.

In der kurzen Zeit von einem Jahr, die dem Studenten normalerweise zur Verfügung steht, ist es ihm unmöglich, die volle Tragweite all dessen zu erfassen, was er geleistet hat. Erst wenn wir diese Arbeit nach einiger Zeit in der richtigen Perspektive betrachten und einige der praktischen Aspekte in Ruhe durcharbeiten konnten, können wir den gesamten abgedeckten Bereich erkennen.

Viele Schüler hatten anfangs erhebliche Schwierigkeiten, selbst das zu tun, was sie Kinder tun sahen, die in dieser Richtung ausgebildet wurden, nämlich zwei-, drei- oder vierstimmige Übungen zu diktieren, vom Blatt zu transponieren, ohne Zögern am Klavier zu improvisieren usw. Das Gefühl, gegen die Zeit zu arbeiten, Prüfungen bestehen zu müssen, entmutigt zu sein, wenn man scheinbar langsame Fortschritte macht, hat möglicherweise einen Zustand geistiger Verdauungsstörung hervorgerufen, und das einzige Heilmittel dafür ist die Zeit, der Universalarzt.

Der Schüler ist nun an dem Punkt, an dem er einen neuen Arbeitsbereich betritt. Das Instrument wurde geschärft. Wie soll die Anwendung erfolgen? Ein Wort der Warnung ist angebracht. Der junge und enthusiastische Lehrer, frisch inspiriert durch ein Jahr Arbeit mit denen, die an seiner Entwicklung interessiert sind, neigt zu oft dazu, bei der Durchsetzung einer neuen Vorstellung von Ideen zu streng zu sein.

„So oder gar nicht!", schreit sie.

Nun muss jede gute Bildungsarbeit eine intrinsische Qualität der Biegsamkeit besitzen: Sie muss wachsen, sich ausdehnen und auf hundert Arten entwicklungsfähig sein. Kleine Punkte der Methode müssen an die jeweilige Klasse und den jeweiligen Schüler angepasst werden, und eine großzügige Anerkennung der nützlichen Teile der „Methoden" anderer Menschen wird der sicherste Weg zur Anerkennung unserer eigenen Ideale sein. Wenn man sich auf das Wesentliche konzentriert, ist es oft möglich, bei kleinen Details Kompromisse einzugehen. Vor allem muss man gegenüber Ratschlägen, wie unerfahren sie auch sein mögen, aufgeschlossen bleiben. Viele junge Lehrerinnen scheiterten auf ihrem ersten Posten, weil sie den Verantwortlichen den Eindruck vermittelten, dass es nur eine einzige Art und Weise gäbe, wie sie ihre Arbeit erledigen könne – eine einzige Möglichkeit, die Klassen aufzuteilen und Unterrichtsstunden.

Eine Vereinbarung, die weit vom Ideal entfernt ist, muss oft mit höflichem Protest akzeptiert werden, aber sie wird sicherlich später von den Behörden geändert, wenn der Lehrer das Vertrauen gewonnen hat, indem er das Interesse und die Begeisterung der Schüler geweckt hat und gute Ergebnisse gezeigt hat Unterricht.

Wurde nicht jede Neuvorstellung jedes Faches im Lehrplan zunächst mit dem gleichen Chor der Abwertung aufgenommen? Warum sollte Musik, das neueste Fach im regulären Lehrplan, anders abschneiden?

Denken Sie daran, dass der Schulleiter oft nicht nur seine oder ihre Bildungsideale im Auge behalten muss, sondern auch die Wünsche eines Leitungsgremiums und der Eltern.

Eine kurze Demonstration der Arbeit, die unter unvollkommenen Bedingungen geleistet wurde, wirft oft ein Licht auf die Ziele eines enthusiastischen Lehrers, der in schwierigen Umgebungen zu kämpfen hatte. „Ich hatte keine Ahnung, dass Sie das alles *mit* den Kindern machen", war der bewundernde Kommentar von mehr als einem ehemaligen unsympathischen Kritiker, und die Bedingungen werden sofort in großzügigem Geist geändert.

Vor allem muss die junge Lehrerin daran denken, dass es von größter Wichtigkeit ist, ihre Begeisterung für die Arbeit nicht zu verlieren. Sie muss sich auf dem Laufenden halten, indem sie mit dem allgemeinen Musikleben außerhalb ihres unmittelbaren Kreises in Kontakt bleibt. Sie sollte einem Musikverein beitreten und jede Gelegenheit wahrnehmen, Vorlesungen usw. zu besuchen. Sie sollte Musikclubs und -treffen unter ihren Schülern organisieren und eine gesunde Haltung wohlwollender Kritik fördern.

Und schließlich muss sie ständig an etwas arbeiten, das mit ihrer eigenen Musik zu tun hat, denn sobald sie aufhört, sich von Zeit zu Zeit in die Haltung des Lernenden zu versetzen, wird sie aufhören, eine mitfühlende und anregende Lehrerin zu sein.

Es ist sinnvoll, ein musikalisches Tagebuch zu führen, in dem die eigenen Fortschritte und die unserer Schüler festgehalten werden, zusammen mit Notizen zu aktuellen musikalischen Ereignissen – besuchte Konzerte usw. Eine solche Aufzeichnung ist äußerst nützlich als Referenz und als Ermutigung in dunklen Stunden, wenn es unmöglich scheint, einen verlorenen Sinn für Proportionen wiederherzustellen.